2020 中国柔性版印刷发展报告

主　编：陈　斌

副主编：周国明　乔俊伟　罗尧成

DEVELOPMENT REPORT OF CHINA FLEXOGRAPHIC PRINTING 2020

文化发展出版社
Cultural Development Press

图书在版编目（CIP）数据

2020中国柔性版印刷发展报告 / 陈斌主编. — 北京：文化发展出版社，2020.8

ISBN 978-7-5142-3063-5

Ⅰ. ①2… Ⅱ. ①陈… Ⅲ. ①苯胺印刷－印刷工业－工业发展－研究报告－中国－2020 Ⅳ. ①F426.84

中国版本图书馆CIP数据核字(2020)第125082号

2020中国柔性版印刷发展报告

主　　编：陈　斌

副 主 编：周国明　乔俊伟　罗尧成

出 版 人：武　赫

策　　划：魏　欣

责任编辑：李　毅

执行编辑：张　琪　杨　琪　　　责任校对：岳智勇

责任印制：邓辉明　　　　　　　责任设计：侯　铮

出版发行：文化发展出版社（北京市翠微路2号 邮编：100036）

网　　址：www.wenhuafazhan.com

经　　销：各地新华书店

印　　刷：北京印匠彩色印刷有限公司

开　　本：710mm × 1000mm　1/16

字　　数：200千字

印　　张：13.25

印　　次：2020年10月第1版　2020年10月第1次印刷

定　　价：198.00元

I S B N ：978-7-5142-3063-5

◆ 如发现任何质量问题请与我社发行部联系。发行部电话：010-88275710

编委会

编撰指导委员会

钱　俊　周建宝　顾春华　王晓红　王　洋
郑其红　张晓迁　蔡志荣　孙　勇　全代伦

主　编

陈　斌

副主编

周国明　乔俊伟　罗尧成

成　员

(按姓氏笔画排序)

孔玲君　肖　颖　尚玉梅　宗利永　孟　玫　段育芳　施建屏
姚　毅　顾　凯　顾　萍　曹　前　曾　忠　蔡成基

主　审

周建宝

完成单位

上海出版印刷高等专科学校
国家新闻出版署“柔版印刷绿色制版与标准化”重点实验室

目　录

CONTENTS

第一部分　行业产业发展报告　001

中国柔性版印刷发展报告　003
中国柔性版印刷机销售情况调查报告　046
软包装领域柔性版印刷调查报告　060

第二部分　相关政策与标准解读　071

2019 年起发布或实施的相关环保类标准索引　073
包装印刷行业 VOCs 新政策分析　075
GB 38507—2020 标准中柔性版印刷油墨 VOCs 含量限值的研读　081
柔性版印刷油墨颜色和透明度标准解读　087

第三部分　行业技术发展篇　093

Bellissima 柔性版加网技术的分析与研究　095
柔印真网点专色数码模拟探讨　108
广色域技术在包装领域的推广与应用探讨　117
柔印机印刷单元控制能力提升　129
陶瓷网纹辊的应用解析　137
柔印的色彩管理和标准化　154
油墨产品生命周期评价方法与案例分析　163

第四部分　行业典型案例篇　173

环保和创新并重的柔性版印刷纸包装　175
日益提升的柔性版印刷软包装技术　180
卫星式柔性版印刷在生鲜食品包装中的应用　187
标签柔性版印刷智能化之路　194
波兰企业的柔性版印刷成功之路　200

第一部分
行业产业发展报告

我国国家领导人多次就打赢蓝天保卫战等发表重要讲话，表明国家治理大气污染的信心和决心。近年来相关部门相继出台了一系列环保相关的政策和法律法规，对印刷行业绿色化转型发展起到了很大的促进作用，对柔性版印刷发展起到了极大的指导和推动作用。多方面数据显示，我国柔性版印刷迎来了前所未有的发展良机。

本部分包含了一个主报告和两个分报告。其中，主报告《中国柔性版印刷发展报告》以 2020 年的最新调查数据为基础，主要对 2019 年，并结合近三年的调查情况对我国柔性版印刷行业整体的发展现状和趋势进行分析，得出一些基本结论和建议。

柔性版印刷机的性能、品质和稳定性等，对于柔性版印刷质量、成本和效率等具有十分重要的作用。《中国柔性版印刷机销售情况调查报告》对我国内地机组式和卫星式柔性版印刷机的销售情况以及进出口情况等进行详细分析。

软包装作为柔性版印刷最重要的细分领域之一，其未来的发展空间巨大。《软包装领域柔性版印刷调查报告》对于我国柔性版印刷在软包装领域的发展现状、存在问题、发展趋势等进行了深入分析。

由于编者能力与水平有限，报告中存在不足之处，敬请读者批评指正。

中国柔性版印刷发展报告

上海出版印刷高等专科学校
国家新闻出版署“柔版印刷绿色制版与标准化”重点实验室

党的十九大报告把生态文明建设提到“千年大计”的战略高度，号召全民参与共同创建优美生态环境，实现中华民族永续发展。实施绿色印刷是我国印刷业贯彻生态文明建设的重要举措。从 2010 年 9 月原国家新闻出版总署与环境保护部共同签署《实施绿色印刷战略合作协议》起，我国实施绿色印刷战略已有 10 个年头。其间，为推动我国印刷业绿色化转型发展，相关部门出台了一系列环保相关的政策和法律法规。如 2016 年 7 月工业和信息化部与财政部联合发布的《重点行业挥发性有机物削减行动计划（2016 ～ 2018）》中明确指出“鼓励采用柔性版印刷工艺和无溶剂复合工艺，逐步减少凹版印刷工艺、干式复合工艺”。2019 年 6 月 26 日，生态环境部发布了《关于印发〈重点行业挥发性有机物综合治理方案〉的通知》（环大气〔2019〕53 号）。作为重点行业之一，包装印刷行业被提出以下治理要求：“塑料软包装印刷企业推广使用水醇性油墨、单一组分溶剂油墨，无溶剂复合技术、共挤出复合技术等，鼓励使用水性油墨、辐射固化油墨、紫外光固化光油、低（无）挥发和高沸点的清洁剂等。鼓励包装印刷企业实施胶印、柔印等技术改造”等。

2019 年 7 月，国家新闻出版署主办的中国印刷业创新大会以“聚焦绿色化”为主题，探讨印刷业绿色化发展新路径，进一步推动了印刷业绿色发展的热潮。作为业界公认的绿色印刷方式之一，柔性版印刷得到前所未有的关注和发展。

在新政策的引导下，2019 年下半年包装印刷企业呈现出加速向柔性版水性油墨和 UV 油墨印刷转型的趋势；油墨生产企业也加大了研发满足最新环保标准的柔性版水性油墨和 UV 油墨的力度。同时，在绿色生活方式理念的倡导下，主流市场的消费理念也在悄然发生着改变，越来越多的消费者倾向于选择健康安全、绿色环保的产品。多方面数据显示，我国柔性版印刷迎来了前所未有的发展良机。

本报告以 2020 年的最新调查数据为基础，主要对 2019 年，并结合近三年的调查情况对我国柔性版印刷行业的发展现状和趋势进行分析。

一、柔性版印刷行业发展状况

根据史密瑟斯（Smithers）最新市场研究报告，全球印刷市场规模预计从 2019 年的 8180 亿美元增长到 2024 年的 8740 亿美元，年均增长 1.30%。根据我国国家新闻出版署的统计数据，2018 年度我国印刷工业总产值 1.27 万亿元，2017 年和 2018 年印刷业增速分别为 4.60% 和 5.40%。

相对于美国包装印刷市场超过 70% 和西欧 50% 左右的柔性版印刷占比，我国柔性版印刷的市场占有率仍然较低，在 12% ～ 15%。按照 2018 年度我国印刷工业总产值计算，我国柔性版印刷的工业产值为 1524 亿～ 1905 亿元，如取中间值则约为 1715 亿元。

（一）调查样本概况

本次调查由上海出版印刷高等专科学校国家新闻出版署“柔版印刷绿色制版与标准化”重点实验室牵头实施，得到中国印刷技术协会柔性版印刷分会、部分行业媒体和广大企业的大力支持与积极参与。调查共回收问卷 215 份，其中有效问卷 179 份。有效问卷数比去年的 154 份增长了 16.20%。两次调查的重合样本量为 113，分别占本次和上次调查样本的 63.12% 和 73.38%。本次调查数据的时间为 2019 年 1 月 1 日至 2019 年 12 月 30 日。

调查样本的地域分布，其中上海占比最高，为32.40%，其余占比较高的省份还有广东17.88%、浙江11.17%、江苏8.94%、山东7.26%等，如表1所示。

表1　调查样本企业的地域分布情况

省区市	数量（个）	分布占比
上海	58	32.40%
广东	32	17.88%
浙江	20	11.17%
江苏	16	8.94%
山东	13	7.26%
福建	8	4.47%
天津	6	3.35%
陕西	6	3.35%
北京	4	2.23%
河南	4	2.23%
湖北	3	1.68%
河北	2	1.12%
辽宁	1	0.56%
江西	1	0.56%
湖南	1	0.56%
广西壮族自治区	1	0.56%
重庆	1	0.56%
四川	1	0.56%
云南	1	0.56%
合计	179	100%

调研企业中民营企业占比最高，约为58.66%，外商独资企业占比次之，约为15.64%，上市公司和国有企业分别约为8.38%和6.70%，港、澳、台资企业和中外合资企业占比分别约为6.15%和4.47%，如表2所示。

表2　调查样本企业的所有制类型分布情况

按所有制类型分类	数量（个）	分布占比
民营企业	105	58.66%
外商独资企业	28	15.64%
上市公司	15	8.38%
国有企业	12	6.70%
港、澳、台资企业	11	6.15%
中外合资企业	8	4.47%
合计	179	100%

按调研企业的主要业务类型区分，柔性版印刷企业占比约为35.75%，柔性版制版企业约为20.67%，柔性版版材生产企业约为3.91%，设备、油墨、网纹辊、耗材及其他相关业务企业约为39.66%，如表3所示。

表3　调查样本企业的主要业务类型分布情况

按主要业务类型分类	数量（个）	分布占比
柔性版印刷企业	64	35.75%
柔性版制版企业	37	20.67%
柔性版版材生产企业	7	3.91%
设备、油墨、网纹辊、耗材及其他相关业务企业	71	39.66%
合计	179	100%

下面分别对我国的柔性版印刷企业、柔性版制版企业和设备、油墨、耗材及其他柔性相关企业的发展状况等进行深入分析。

（二）柔性版印刷企业的发展状况

1. 基本情况

民营印刷企业在柔性版印刷领域占据极其重要的地位。在本次调查的样本企业中，民营印刷企业的数量占比 51.56%，超过了其他类型所有制企业数量的总和。上市公司数量占比 18.75%，外商独资企业数量占比 14.06%，国有企业数量占比 6.25%，港、澳、台资企业数量占比 6.25%，中外合资企业数量占比 3.13%，如图 1 所示。

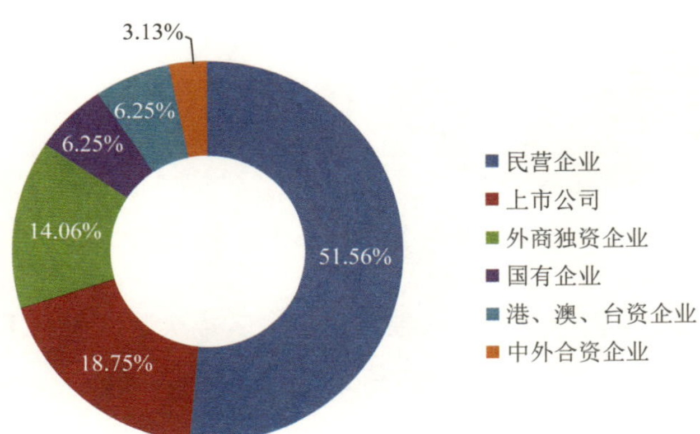

图 1　柔性版印刷企业所有制类型分布情况

包装装潢印刷是柔性版印刷的主要应用领域。瓦楞纸印刷是包装装潢印刷的重要组成部分，从印刷形式上主要分为预印和后印两种。预印是指在瓦楞纸生产之前预先在面纸上进行相应印刷，然后在瓦楞纸生产线上与芯纸、里纸等结合形成瓦楞纸板。预印通常有多种印刷工艺选择。后印是指瓦楞纸生产后直接在瓦楞纸板上进行印刷。90% 以上的瓦楞纸后印采用柔性版印刷和水性油墨，俗称“瓦楞纸水印”。考虑到瓦楞纸后印技术相当成熟，其柔性版印刷占比非常高，且近年来市场相对稳定，故不作为本次调查的重点领域。

本次调研的印刷企业主营业务分布情况如图 2 所示。由图可知，软包装印刷已经成为调研企业柔性版印刷最重要的业务细分领域。软包装（含透气膜）印刷的比重分布约为 30.38%。其后从高到低依次为：商标与标签印刷，19.00%；厚纸包装（200g/m^2 及以上纸张，含瓦楞纸预印）印刷，17.72%；薄纸包装（200g/m^2 及以下纸张）印刷，16.46%；其他印刷 16.46%。为了更好地了解柔性版印刷在软包装领域的应用情况，本蓝皮书还形成了该领域的调查报告，详见《软包装领域柔性版印刷调查报告》。

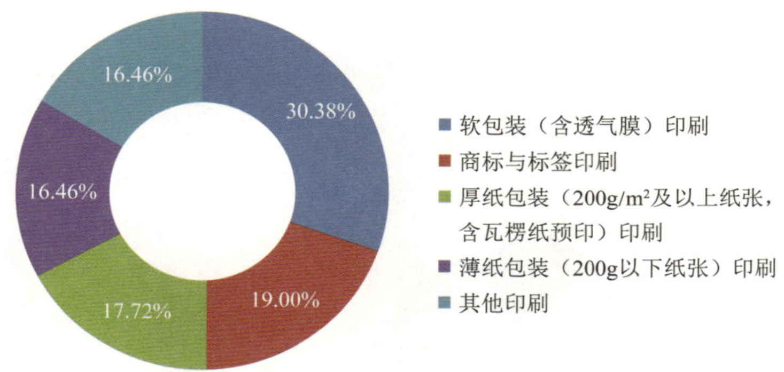

图 2　主营业务的企业数量占比情况

柔性版印刷企业拥有的员工人数相对较多。本次调研中员工超过 100 人的企业约占 70.32%，超过 200 人的约为 45.32%，超过 300 人的约为 29.69%，50 人以下的企业仅占 10.93%，如图 3 所示。

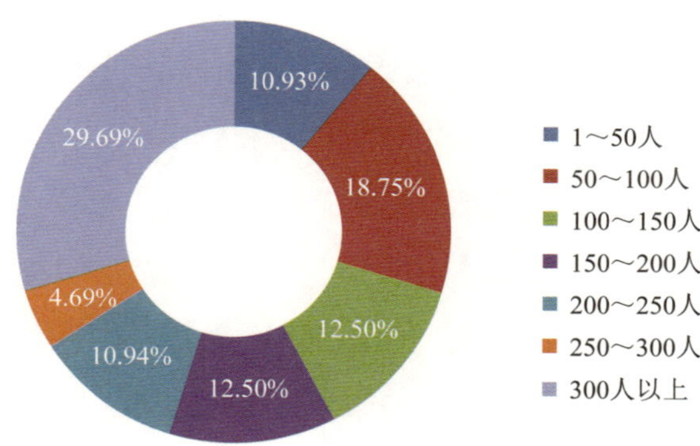

图 3　柔性版印刷企业员工人数分布情况

企业的年销售规模分布情况如图 4 所示。由图可知，年销售额超过 3000 万元的调研企业高达 90.62%。其中，年销售额 5000 万元以上的规模的印刷企业约为 87.49%，年销售额 1 亿元以上的约为 67.18%，年销售额 2 亿元以上的约为 40.61%，年销售额 5 亿元以上的约为 12.50%。调研企业年销售额最高为 40 亿元，最低为 0.03 亿元，平均数为 3.07 亿元，中位数为 2.00 亿元。

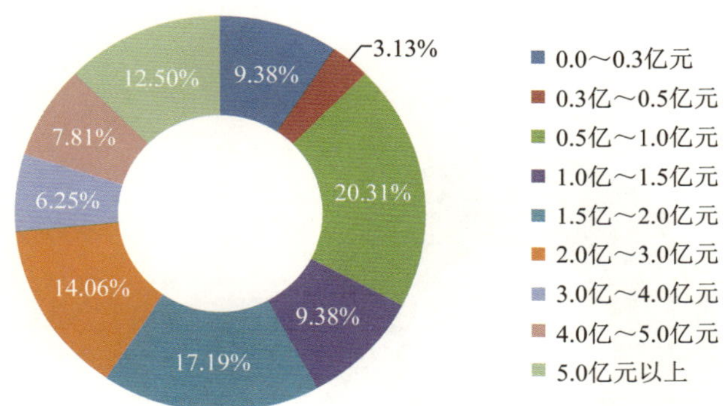

图 4　柔性版印刷企业 2019 年销售额情况

柔性版印刷企业近三年销售变化情况如图 5 所示。数据表明，调研企业中柔性版印刷企业的行业集中度进一步提高。年销售额 0.3 亿元以下和 0.3 亿～ 0.5 亿元的企业比例大幅减少，年销售额 0.5 亿～ 1 亿元和 1 亿～ 2 亿元的企业比例有所上升，而年销售额 2 亿～ 5 亿元的企业上升明显，5 亿元以上的企业比例变化不大。

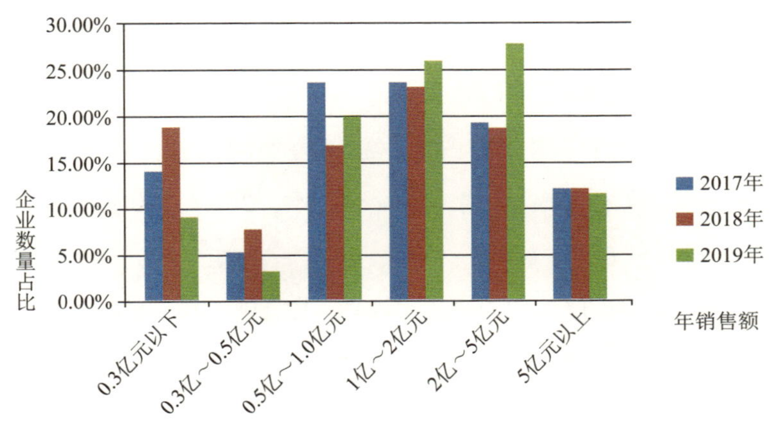

图 5　柔性版印刷企业近三年销售额情况

调研柔性版印刷企业的出口业务比重如图 6 所示。其中一半以上的企业出口业务比重在 10% 以内，17.19% 的企业出口业务比重为 10% ～ 30%；三分之二以上的企业出口业务比重不足 30%；出口业务比重超过 50% 的企业数约占 15.62%，出口业务比重超过 70% 的企业数约为 7.81%。由上可知，大部分调研企业以满足国内市场为主。尽管直接出口业务比重不高，但考虑到包装印刷业为其他制造业配套服务的属性，国际贸易环境变化对印刷业发展仍具有不可低估的影响。

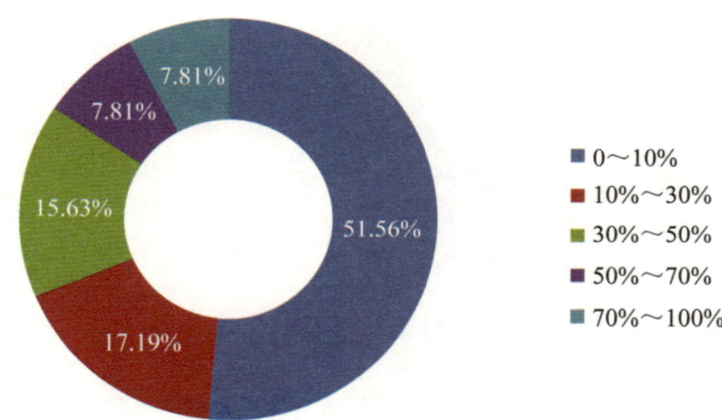

图 6　柔性版印刷企业的出口业务比重情况

2. 柔性版印刷业务的比重情况

柔性版印刷企业并不仅仅是采用柔性版印刷一种工艺，往往还应用了平版印刷、凹版印刷、丝网印刷、数码印刷等多种印刷工艺，还有些企业应用其他印刷工艺业务占比超过柔性版印刷。

调研企业的柔性版印刷业务占企业总销售额的比重情况见表 4。其中柔性版印刷业务比重在 10% 以内、10% ～ 20%、20% ～ 30%、30% ～ 40%、40% ～ 50%、50% ～ 60%、60% ～ 70%、70% ～ 80%、80% ～ 90% 和 90% 以上的企业数量占比分别约为：10.94%、10.94%、12.50%、14.06%、9.38%、6.25%、6.25%、6.25%、3.13% 和 20.30%。

表 4 调研企业的柔性版印刷业务占比情况

柔性版印刷业务	企业数占比
占销售额 0 ～ 10%	10.94%
占销售额 10% ～ 20%	10.94%
占销售额 20% ～ 30%	12.50%
占销售额 30% ～ 40%	14.06%
占销售额 40% ～ 50%	9.38%
占销售额 50% ～ 60%	6.25%
占销售额 60% ～ 70%	6.25%
占销售额 70% ～ 80%	6.25%
占销售额 80% ～ 90%	3.13%
占销售额 90% ～ 100%	20.30%
合计	100%

近三年的柔性版印刷业务比重变化情况见表 5。由表可知，2019 年柔性版印刷业务比重低于 10% 的企业相对 2017 年度、2018 年度大幅下降；整体上，调研企业柔性版印刷业务的占比呈上升趋势。

表 5 近三年柔性版印刷业务比重情况

柔性版印刷业务	2017 年	2018 年	2019 年
占销售额 10% 以内	19.72%	19.05%	10.94%
占销售额 10% ～ 30%	18.31%	22.23%	23.44%
占销售额 30% ～ 60%	23.94%	25.40%	29.69%
占销售额 60% ～ 80%	7.04%	14.27%	12.50%

续表

柔性版印刷业务	2017 年	2018 年	2019 年
占销售额 80% ～ 90%	9.86%	4.76%	3.13%
占销售额 90% 以上	21.13%	14.29%	20.30%
合计	100.00%	100.00%	100.00%

调研企业的柔性版印刷业务利润占比情况如图 7 所示。柔性版印刷业务利润占企业总利润的比重按每 10% 从低到高分段，对应的企业数量占比分别为 17.19%、21.88%、10.94%、9.38%、9.38%、6.25%、7.81%、3.12%、3.12% 和 10.93%。

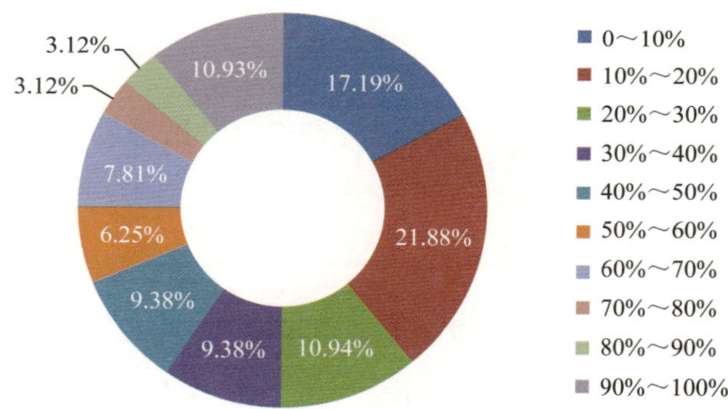

图 7　印刷企业的柔性版印刷业务利润占比情况

以柔性版印刷业务占比从低到高每 10% 为一段进行划分，并将各段柔性版印刷业务占比的平均数与其利润占比的平均数相对应，如表 6 所示。由此可知，柔性版印刷业务利润占比与其销售占比的比值在 0.75 ～ 1.35 之间波动，部分区段的利润占比低于其销售占比，表明柔性版印刷业务的盈利能力尚有待提高。

表 6　印刷企业柔性版印刷业务占比与利润占比对应情况

柔性版印刷业务占总销售额比例	业务占比平均数（q）	利润占比平均数（p）	利润占比平均数 / 业务占比平均数（p/q）
0 ～ 10%	6.57%	8.71 %	1.33
10% ～ 20%	17.88 %	16.63 %	0.93
20% ～ 30%	26.50%	27.13 %	1.02
30% ～ 40%	36.50%	28.00 %	0.77
40% ～ 50%	44.83%	45.83 %	1.02
50% ～ 60%	54.25%	60.00%	1.11
60% ～ 70%	67.00%	54.25 %	0.81
70% ～ 80%	77.50%	78.25%	1.01
80% ～ 90%	85.50%	76.00 %	0.89
90% ～ 100%	99.23%	85.38 %	0.86

调研企业的柔性版印刷业务增长情况如图 8 所示。由图可知，与 2018 年度相比柔性版印刷业务增长 5% 以上的企业约为 64.05%，与 2018 年度基本持平（-5% ～ 5%）的企业约为 21.88%，与 2018 年度相比下降 5% 以上的企业约为 14.06%。其中，柔性版印刷业务下降超过 15% 的企业占比 3.12%，下降 5% ～ 15% 的企业占比 10.94%，柔性版印刷业务增长 5% ～ 15% 的企业占比 28.12%，业务增长 15% ～ 30% 的企业占比 21.88%，业务增长 30% ～ 45% 的企业占比 6.25%，业务增长 45% 以上的企业占比 7.81%。与 2018 年相比，2019 年总体上全国的柔性版印刷业务呈增长趋势。

调研企业柔性版印刷业务利润的增长情况如图 9 所示。由图可知，与上年度相比柔性版印刷业务利润增长 5% 以上的企业约占 51.56%，与上一年度基本持平（-5% ～ 5%）的企业约占 28.13%，与上一年度相比下降 5% 以上的企业约占20.31%。其中，柔性版印刷业务利润下降超过15%的企业占比约为4.69%，下降5%～15%的企业占比约为15.62%，柔性版印刷业务利润增长5%～15%的企业占比约为21.88%，柔性版印刷业务利润增长15%～30%的企业占比约为15.62%，柔性版印刷业务利润增长30%～45%的企业占比约为6.25%，柔性版印刷业务利润增长45%以上的企业占比约为7.81%。

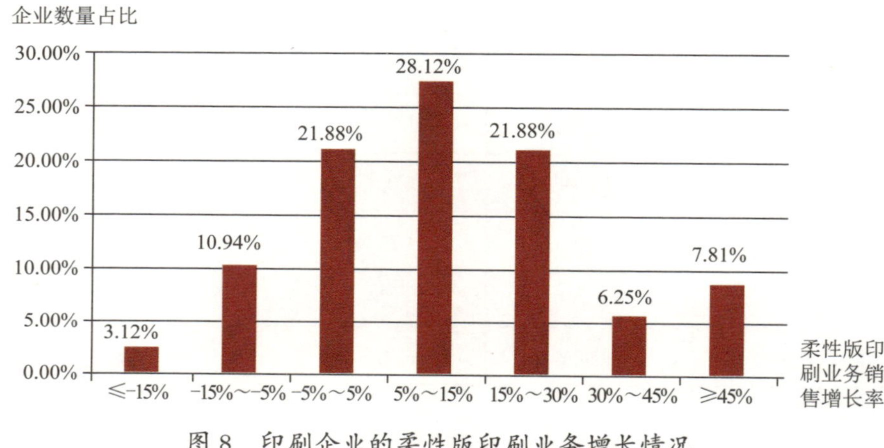

图8　印刷企业的柔性版印刷业务增长情况

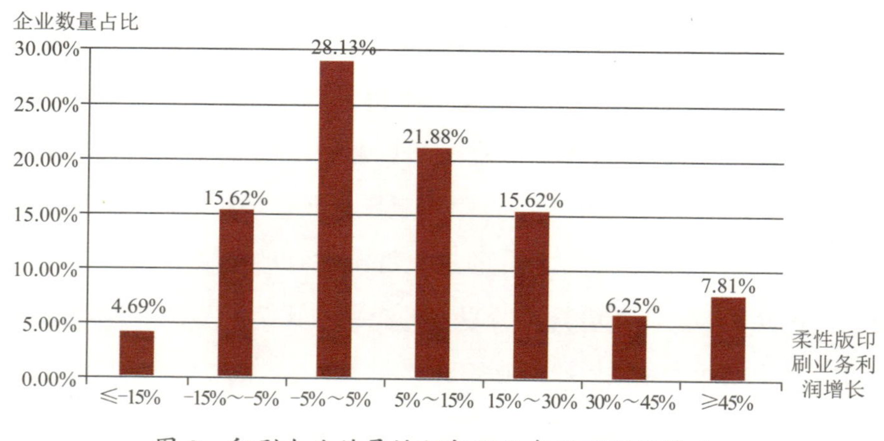

图9　印刷企业的柔性版印刷业务利润增长情况

调研企业对2020年度经营状况的预期情况如图10所示。其中认为好于或明显好于上一年度的企业合计占比46.88%，与上一年度的这一调查数据60%

相比下降明显；认为与上一年度基本相当的企业占比为 15.63%，与上一年度的这一数据 27.14% 相比下降很大；认为略差或明显差于上一年度的企业合计高达 37.50%，与上一年度的这一调查数据 12.86% 相比增幅巨大，增幅接近 2 倍。

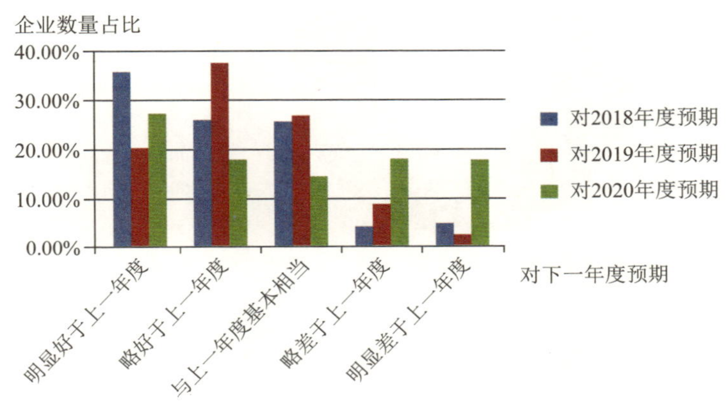

图 10　近三年柔性版印刷企业的经营预期对比

3. 柔性版版材的使用情况

柔性版版材使用量是反映印刷企业柔性版印刷业务量的一个重要指标。往年调查的版材使用量以分段形式选填，可能导致统计数据精确度不高。本次调查对此进行了调整，要求调研企业以数值形式精确填写年用版量。调查数据表明，由于企业规模、柔性版印刷业务占比、细分应用领域以及技术能力等不同，企业年版材使用量差异很大。调研企业中年用版量最高的企业为 30000m^2。调研企业平均年用版量为 1698.7m^2，中位数是 500m^2 左右。

为了便于直观了解印刷企业版材使用量的分布情况，仍将年用版量按照分段进行表示，如图 11 所示。由图可知，年用版量为 1000m^2 以下的企业数占比超过 60%，其中年用版量为 100 ～ 500m^2 的企业数占比最多，约为 32.80%，100m^2 以下的企业数次之，约为 18.74%。年用版量 1500m^2 以上的企业数占比约为 21.89%，2000m^2 以上的企业数占比约为 12.51%，3000m^2 以上的企业数占比约为 7.82%，5000m² 以上的企业数占比约为 3.13%。

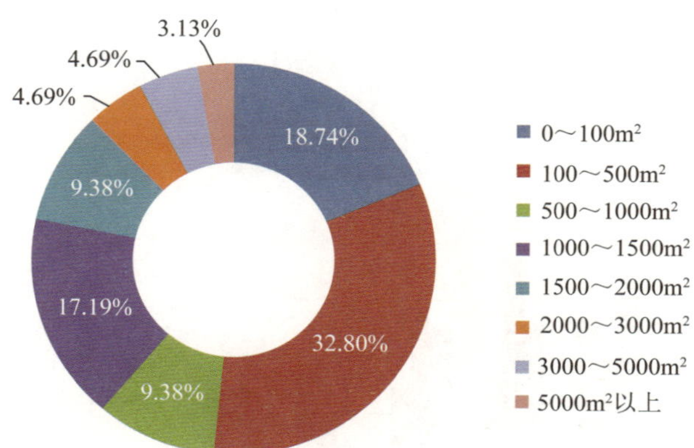

图 11　印刷企业的 2019 年度版材使用量情况

4. 柔性版印刷设备及其他技术应用情况

在调研企业中，拥有柔性版印刷机台数 1 ～ 15 台不等，与 2018 年相比平均拥有台数增长 8.68%。按照柔性版印刷机结构形式的分布情况如图 12 所示。其中，机组式柔性版印刷机占比 47.73%，卫星式柔性版印刷机 34.54%，层叠式柔性版印刷机 4.55%，组合式柔性版印刷机 13.18%。

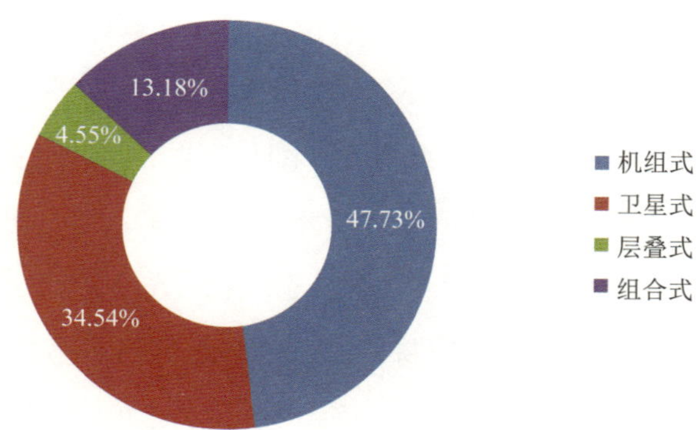

图 12　印刷企业拥有柔性版印刷机的机型分布情况

在这些柔性版印刷机中，国产机与进口机的比例分别为62.27%和37.73%，如图13所示。进一步按照柔性版印刷机的类型划分，国产机和进口机的占比情况如表7所示。由表可知，国产机在机组式、卫星式、层叠式柔性版印刷机中都占有很大比重，分别为66.67%、59.21%和80.00%，组合式柔性版印刷机主要应用于标签印刷，占比略低，约为48.28%。

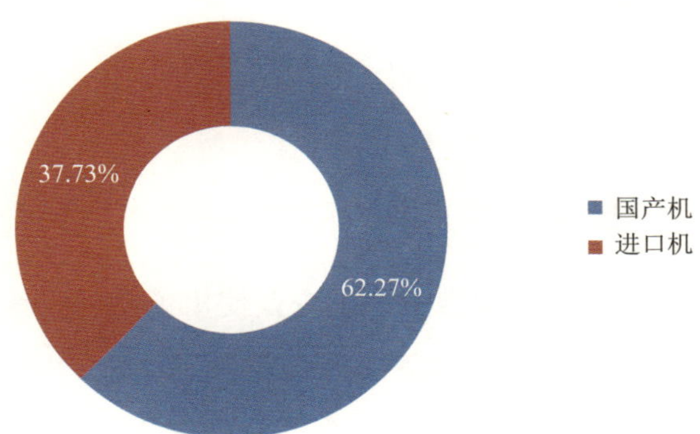

图13　国产与进口柔性版印刷机的比例情况

表7　各种形式柔性版印刷机中国产与进口机占比情况

	机组式	卫星式	层叠式	组合式
国产机	66.67%	59.21%	80.00%	48.28%
进口机	33.33%	40.79%	20.00%	51.72%
合计	100.00%	100.00%	100.00%	100.00%

同时，各种先进技术在柔性版印刷设备上也有了相当比例的应用，如图14所示。其中安装封闭式墨腔装置的企业高达81.25%，采用无轴传动与伺服控制技术的企业占比71.88%，采用套筒式印版辊的企业占比64.06%，采用套筒式网纹辊的企业占比60.94%，采用全检式在线质量检测的企业占比43.75%。表明印刷企业在不断提高印刷效率和印刷质量同时，也正在向自动化、智能化方向发展。

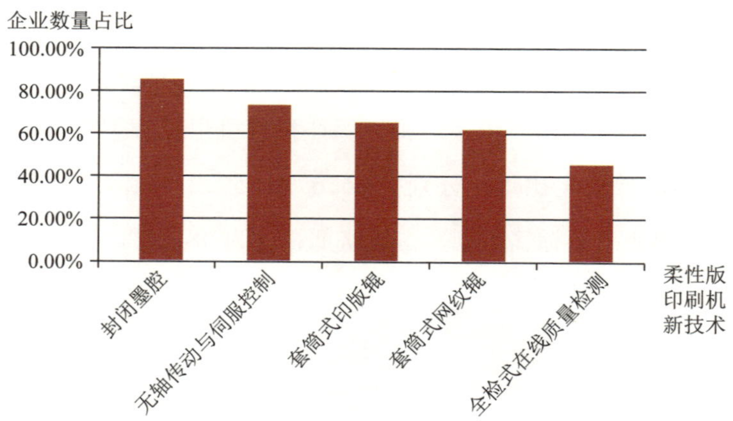

图 14　印刷企业的柔性版印刷机上新技术应用情况

调查表明，约 67.21% 的柔性版印刷企业使用了各种联线加工工艺。最常用的联线工艺有分切、模切、覆膜、清废、烫金、喷墨、涂布、制袋、折页、糊盒等后道加工及喷墨等组合印刷单元等。其应用情况如图 15 所示。其中联线分切、模切、覆膜的应用比例最高，分别为 39.06%、31.25% 和 29.69%，柔性版印刷机进行联线加工的优势正在得到体现。

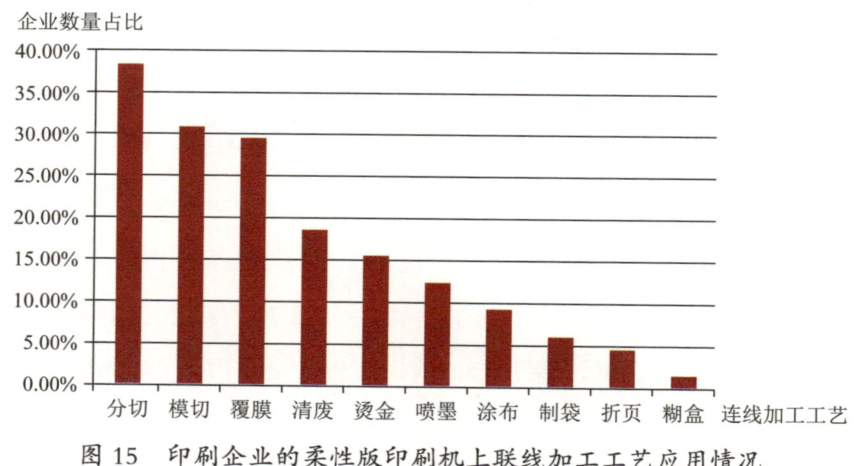

图 15　印刷企业的柔性版印刷机上联线加工工艺应用情况

加网线数的高低从很大程度上反映了柔性版印刷图文可达到的精细程度。

调研企业常用加网线数的使用频次从高到低依次为：133lpi、100lpi、110lpi、150lpi、120lpi、90lpi、175lpi、90lpi 以下和 175lpi 以上，如图 16 所示。使用频次较高的加网线数主要集中在 100lpi 到 150lpi 之间，而 90lpi 以下及 175lpi 以上的加网线数使用频次均比较少。进一步分析表明，软包装印刷常采用的加网线数主要为 100lpi 到 133lpi 之间，采用 150lpi 和 175lpi 及以上加网线数的主要集中在标签印刷领域。

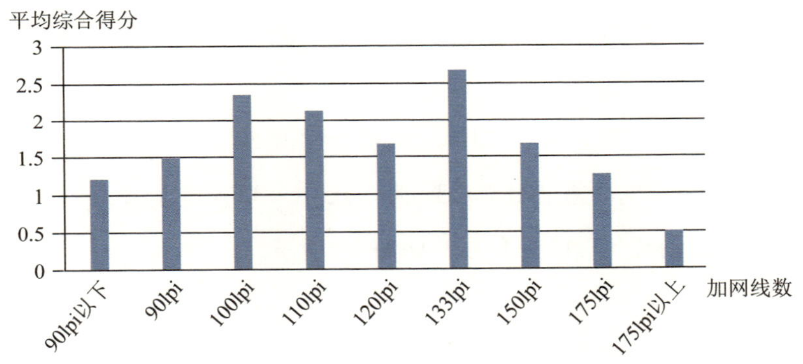

图 16　柔性版印刷企业常用加网线数情况

说明：

图中纵坐标的平均综合得分，是由问卷系统根据所有填写者对选项的排序情况自动计算得出的。它反映了选项的综合排名情况，得分越高表示综合排序越靠前。

计算方法为：选项平均综合得分＝（Σ 频数 × 权值）/ 本题填写人次

权值由选项被排列的位置决定。例如，有 3 个选项参与排序，那排在第一个位置的权值为 3，第二个位置权值为 2，第三个位置权值为 1。

例如，一个题目共被填写 12 次，选项 A 被选中并排在第一位置 2 次，第二位置 4 次，第三位置 6 次，那选项 A 的平均综合得分＝（2×3 ＋ 4×2 ＋ 6×1）/ 12 ＝ 1.67 分。

（三）柔性版制版企业的发展状况

1. 基本情况

与批量生产的生产型柔性版印刷企业不同，柔性版制版企业属于技术服务型企业。制版行业中民营企业数量占比接近95%，港澳台资企业约5%。本次调查表明，约79.69%的印刷企业完全依赖专业制版公司进行制版工作，约20.31%的印刷企业拥有企业（或集团）自建制版中心，其中1.56%的调研企业既拥有企业（或集团）自建制版中心，同时部分制版工作仍然委托专业制版公司进行。

制版企业员工人数以10～30人居多，约占50%；30～50人的企业占比25%左右；10人以下的企业占比8.33%左右；50～80人的企业占比5.56%左右；80人以上的企业占比11.11%左右，如图17所示。

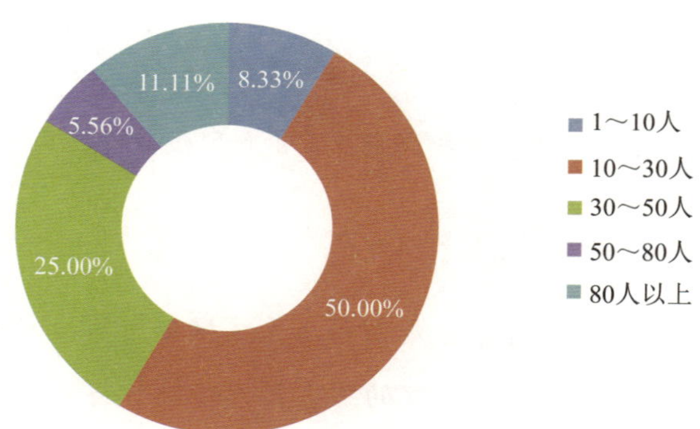

图17 制版企业的员工人数分布情况

从销售规模来看，制版企业年销售额一般在500万～8000万元。调研企业中年销售最高为7500万元，最低为40万元，平均值为1988.61万元，中位数为1165万元。其中年销售额超过500万元的企业约为83.33%，年销售额超过1000万元的企业约为55.55%，年销售额超过3000万元的企业约为25.00%，年销售额超过5000万元的企业约为5.56%，如图18所示。

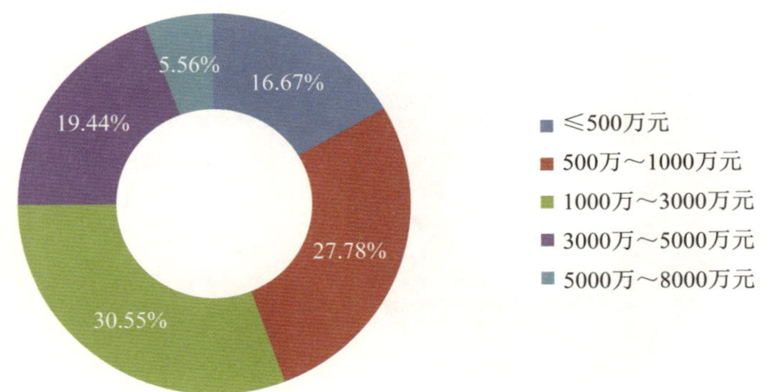

图 18　制版企业的 2019 年销售额分布情况

柔性版制版企业近三年销售额分布情况对比如表 8 所示。由此可知，销售额 500 万元以下的企业占比略有增加，1000 万～ 3000 万元和 3000 万～ 5000 万元的制版企业占比增长明显，而销售额 500 万～ 1000 万元和 5000 万～ 8000 万元的企业占比明显减少。

表 8　制版企业的近三年销售额分布情况对比

销售额	2017 年度	2018 年度	2019 年度	2019 年与 2018 年同比
500 万元以下	6.25%	13.79%	16.67%	2.88%
500 ～ 1000 万元	31.25%	34.48%	27.78%	-6.70%
1000 ～ 3000 万元	37.50%	20.69%	30.56%	9.87%
3000 ～ 5000 万元	15.63%	13.79%	19.44%	5.65%
5000 ～ 8000 万元	9.38%	17.24%	5.56%	-11.68%

调研企业 2019 年度销售增长情况如图 19 所示。由此可知，大多数制版企业的销售额有所增长。销售增长 5% 以上的企业约占 72.22%。其中，销售额增长 5% ～ 15% 的企业占比最高，约为 38.89%，增长 15% ～ 30% 和增长 30% 以上的企业分别约为 25.00% 和 8.33%。销售明显减少（减少 5% ～ 15%）的企业约有 11.11%，变化不大（±5% 以内）的企业约为 16.67%。

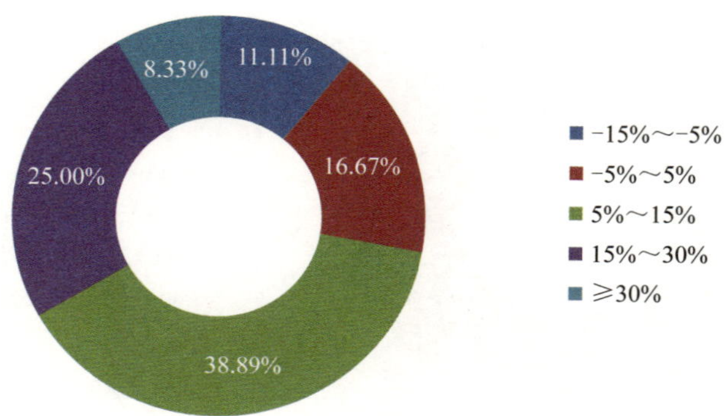

图 19　制版企业 2019 年度的销售增长情况

制版企业 2019 年度的盈利状况如图 20 所示。由此可知，大多数企业的盈利与上年度比有所增长。其中，利润增长 5% 以上的企业占比 52.77%，利润与上一年度基本持平（-5% ～ 5%）的企业约为 30.56%，与上一年度相比下降 5% 以上的企业占比 16.67%。其中，利润下降超过 15% 的企业占比 2.78%，下降 5% ～ 15% 的企业占比 13.89%，利润增长 5% ～ 15% 的企业占比 36.11%，增长 15% ～ 30% 的企业占比 5.56%，增长 30% 以上的企业占比 11.10%。

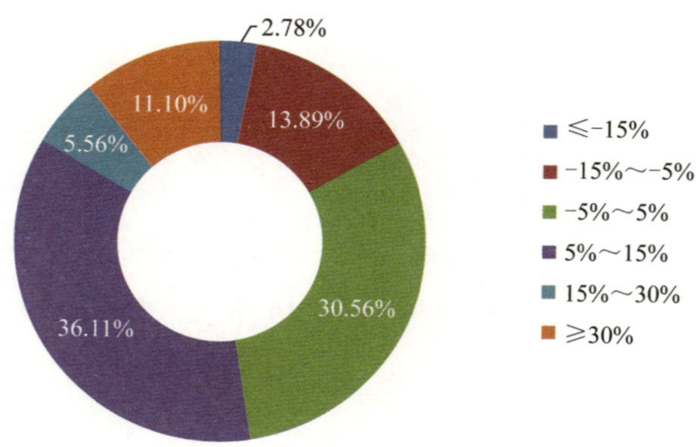

图 20　柔性版制版企业 2019 年度的盈利情况

制版企业中对 2020 年度盈利情况持乐观态度的仅为 22.22%。预计 2020 年度盈利状况与 2019 年度持平的为 19.44%，另有 58.34% 的企业认为略差或明显差于2019年，如图21所示。图22为制版企业对下一年度经营预期情况的对比情况。由此可知，制版企业比上年同期的预期乐观比例有较大幅度下滑，并且不乐观预期远高于印刷企业的比例。

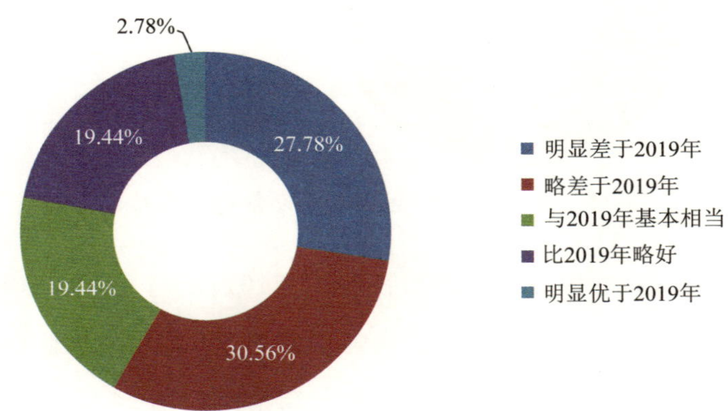

图21　柔性版制版企业对2020年的预期情况

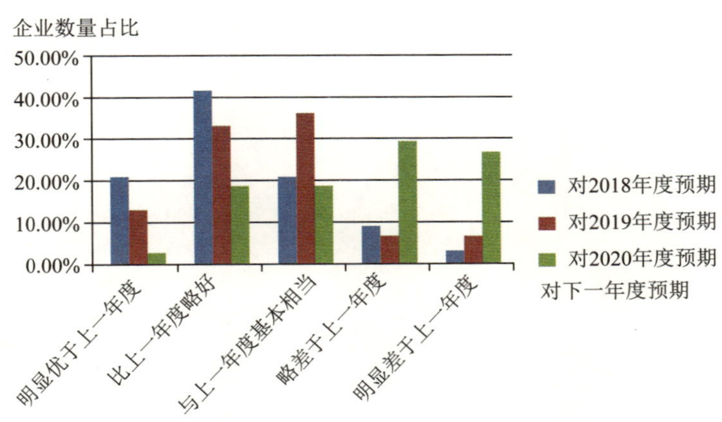

图22　柔性版制版企业对下一年度经营预期对比

2. 版材及溶剂的使用情况

本次调研的制版企业中各主要制版设备的分布情况如图23所示。每家制版企业平均拥有各类激光雕刻机2.39台，曝光机4.92台，洗版机4.08台，烘干机4.06台。

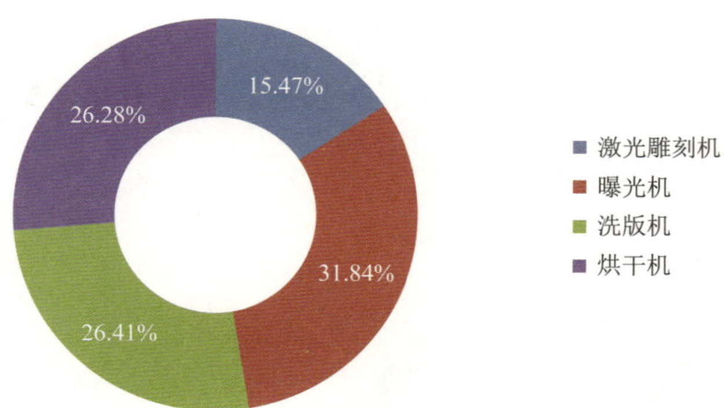

图 23　柔性版制版企业主要设备的分布情况

所调研的制版企业版材年平均制版量约为 10779m²，比 2018 年度 9513 平方米增长了 13.3%。版材年制版量最高的企业为 50000m²，最低为 300m²，中位数 8000m²。制版企业的 2019 年制版量分布情况如图 24 所示。由此可知，制版量超过 3000m² 的企业约占 77.78%，超过 5000m² 的企业约占 66.67%，超过 8000m² 的企业约占 44.45%，超过 10000m² 的企业约占 36.12%，超过 20000m² 的企业约为 22.23%。

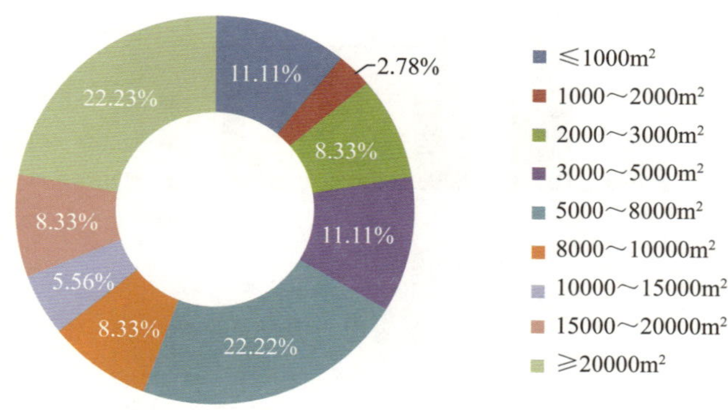

图 24　柔性版制版企业的 2019 年的制版量

如图 25 所示，与 2018 年度的年制版量相比，制版量 1000m² 以下的企业比例变化不大；1000 ～ 2000m²、2000 ～ 3000m² 以及 3000 ～ 5000m² 的企业比例有所下降，5000 ～ 10000m² 的企业比例大幅上升，10000 ～ 20000m² 的企业比例略有上升，20000m^2 以上的企业比例基本稳定。数据显示，制版量为 5000～10000m^2 的制版企业向更高使用量迈进的发展趋势很明显，制版企业的行业集中度在迅速提高。

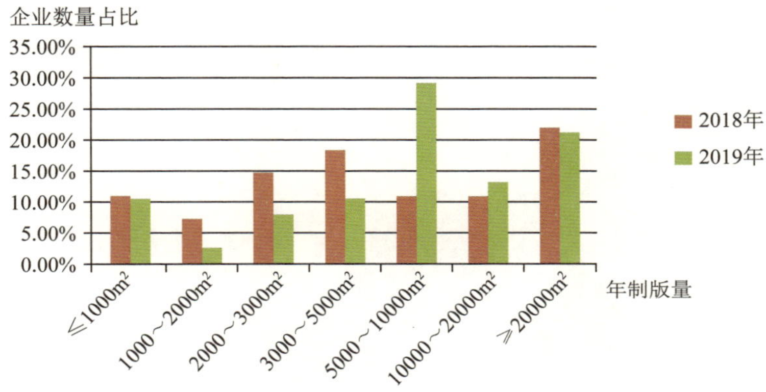

图 25　柔性版制版企业 2018、2019 年制版量情况对比

为进一步摸清固态感光树脂版、液态感光树脂版和橡胶版在市场上的占比情况，对制版企业的各类型版材占比情况进行了调查，并结合各企业的实际制版量进行统计分析。结果表明，在调查的制版企业中固态感光树脂版的使用量最高，液态感光树脂版次之，橡胶版的使用量最小。三者的占比分别是固态感光树脂版 87.59%、液态感光树脂版 12.27% 和橡胶版 0.14%，如图 26 所示。

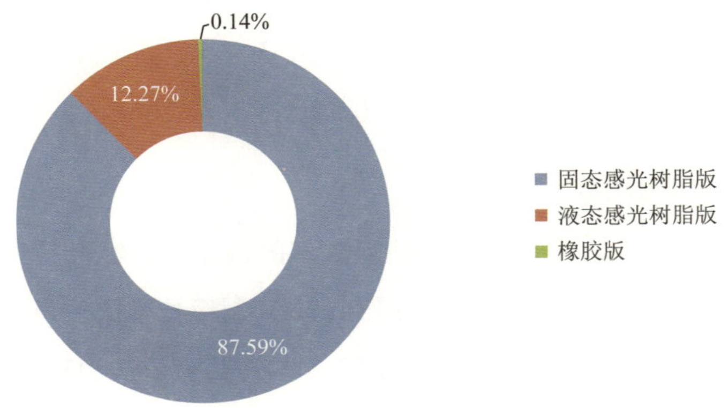

图 26　柔性版制版企业的版材种类占比情况

同时对市场上的各主要版材品牌使用量进行了调查。根据调研企业各品牌版材使用量的排序，结合其年用版量加权计算后推算出各品牌版材的市场占有率情况，如图 27 所示。从高到低依次为杜邦 26.02%、富林特 19.87%、华光 17.82%、麦德美 9.05%、石梅 8.64%、旭化成 8.05%、柯达 6.83%、东洋纺 1.33%、强邦 1.03%、东海泉龙 0.96% 和东丽 0.40% 左右。国产品牌乐凯华光表现不俗，市场占有率位列前三。

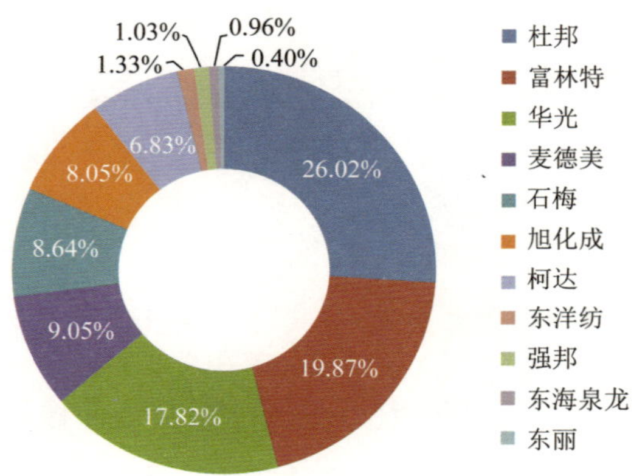

图 27　各主要品牌版材的市场占有率情况

在版材厚度方面，根据调研企业对各种厚度版材用量的排序并结合各制版企业年使用版材量加权计算，得到各种厚度版材的市场分布情况，如图 28 所示。按照使用量占比从大到小排序依次为 1.14mm、1.7mm、3.94mm、2.28mm、2.84mm、2.54mm 和其他厚度版材，其占比分别约为 31.95%、24.92%、14.37%、13.44%、12.86%、2.42% 和 0.04%。

3. 制版及加网技术

根据调研企业对各种制版技术使用频率的排序，并结合其年使用版材量进行加权处理，统计结果显示艾司科 InlineUV 制版技术的使用频率最高，约占 25.05%；胶片制版技术次之，约占 23.38%。其后依次为科茂 LED 制版、自带平顶版材、柯达 NX 制版、杜邦 Digiflow 氮气制版、液态制版、富林特

NeXT制版、橡胶直接雕刻制版、麦德美LUX制版、水洗版制版、热敏制版和其他制版技术等，如图29所示。数据表明，虽然传统的胶片制版在柔性版制版中仍然具有较高的比例，但是以艾司科Inline UV制版技术为代表的各种先进制版技术已经有了更广泛的应用。

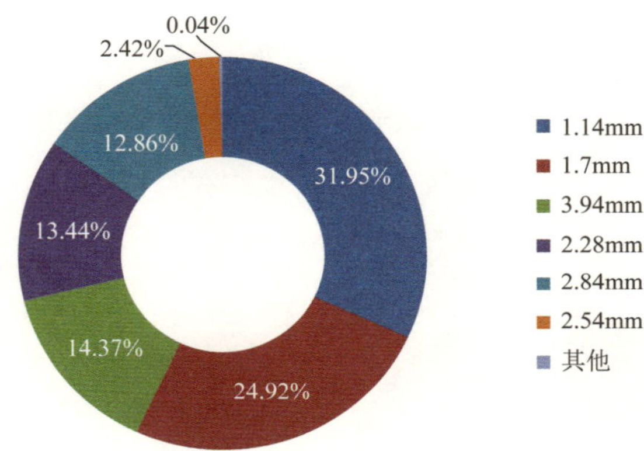

图28　各种厚度版材的市场分布情况

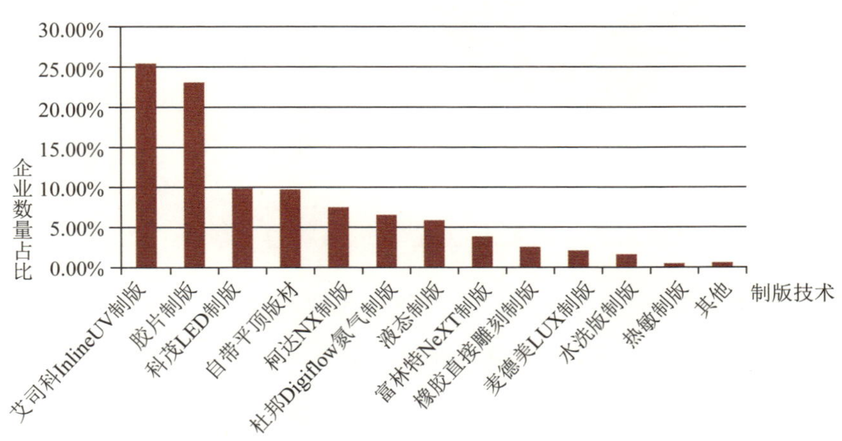

图29　各种制版技术应用情况

在加网技术方面，大多数制版公司都同时应用几种加网技术。根据各调研企业对加网技术使用频率的排序，结合其版材使用量加权处理，结果如图30

所示。其中，传统调幅网点技术占比最高，约为 31.60%；高清 HD 网点次之，约为 21.06%；Pixel+ 加网（简称 P+）、混合加网、全高清 Full HD 网点和柯达 NX Advantage 加网技术均有较高的使用频率，占比分别约为 14.86%、11.48%、9.68% 和 9.37%。而水晶网点 Crystal 加网和 Bellissima 加网技术的占比较低，分别约为 1.72% 和 0.23%。

调研表明，除了传统的调幅网点技术之外，高清 HD 网点、Pixel+ 加网、混合加网等技术均蓬勃发展，对于改善柔性版印刷的网点还原和油墨转移效果，提高印刷质量具有很大的推进作用。

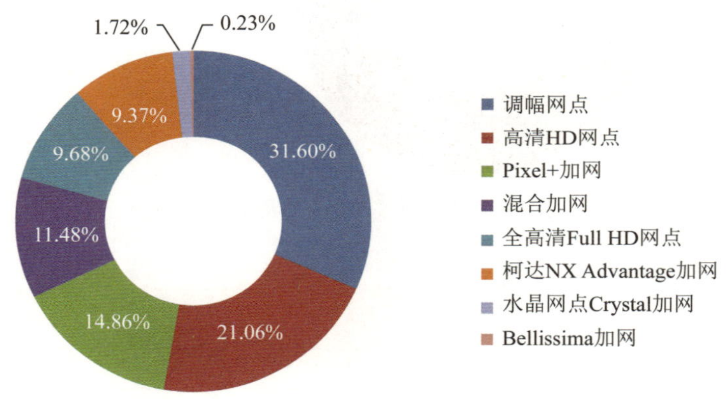

图 30 各种加网技术应用情况

（四）柔性版印刷相关企业的发展状况

柔性版印刷相关企业是指除了版材生产企业和制版企业以外，其他为柔性版印刷企业提供产品和服务的相关企业，包括柔性版印刷设备、印刷油墨、网纹辊、封闭式墨腔、套筒、双面胶带等配套设备、部件和耗材的生产与服务企业。

在柔性版印刷相关企业中，网纹辊、设备和油墨生产企业占有十分重要的地位。网纹辊的选择，印刷设备的性能、质量和稳定性，对于柔性版印刷质量、成本和效率等具有至关重要的作用。柔性版印刷设备的装机量情况在本蓝皮书的《中国柔性版印刷机销售情况调查报告》有专题介绍。

本次调查中，柔性版印刷相关企业的业务类别分布，如图31所示。其中，柔性版印刷油墨占26.47%；柔性版印刷机及其配件占23.53%；制版设备及其配件占11.76%；环保设备占7.35%；柔性版印刷其他耗材占19.12%；其他占11.77%。

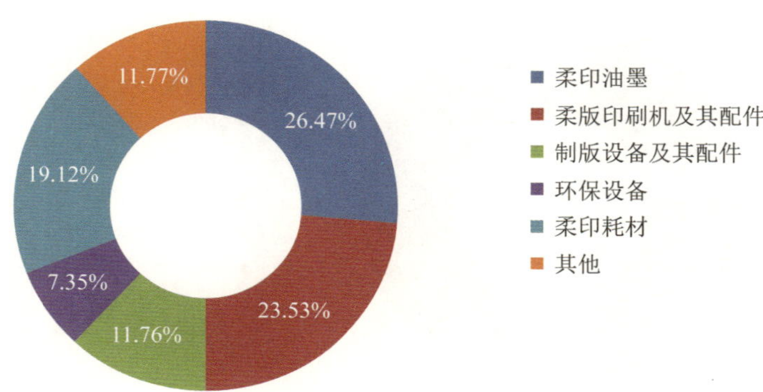

图31　柔性版印刷相关企业的业务类别分布情况

从员工人数来看，柔性版印刷相关企业以30人以下的企业占比最多，约为45.59%，200人以上的企业占比也相对较多，为25.00%左右，如图32所示。其中200人以上的企业多为油墨生产企业和柔性版印刷设备制造企业。

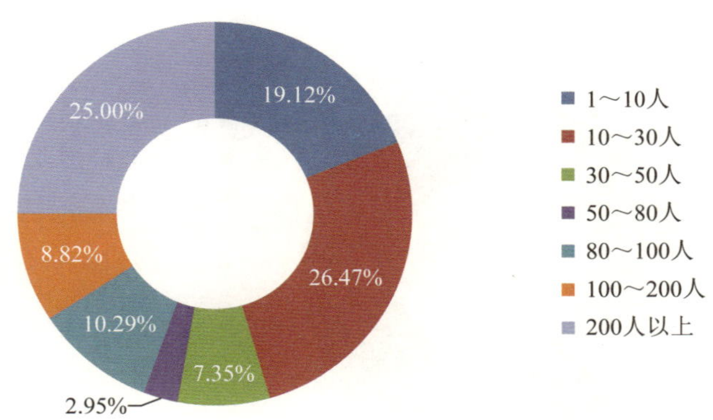

图32　柔性版印刷相关企业的人员分布情况

调研企业中年销售额最高为20亿元左右，最低约为200万元，平均1.54亿元，中位数为5400万元。销售额分布情况如图33所示。由此可知，1000

万元以下的企业约为 20.58%；1000 ～ 3000 万元的企业约为 20.59%；1 亿元以上的企业约为 23.53%，2 亿元以上的企业约为 16.18%。其中，2 亿元以上的企业大多为柔性版印刷油墨和柔性版印刷设备生产企业，其平均销售额约为 6.81 亿元。

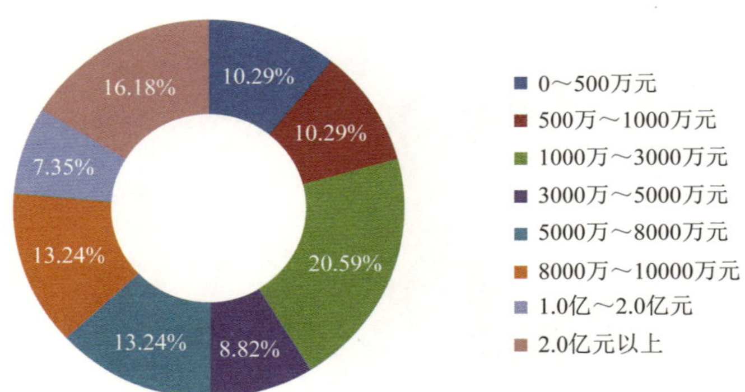

图 33　柔性版印刷相关企业的销售额分布情况

调研企业中与柔性版印刷相关的业务比重按每 10% 为一段进行划分，各段的企业分布情况如图 34 所示。可知，与柔性版印刷相关的业务比重在 10% 以下的企业占比约为 19.12%，比重在 30% ～ 70% 企业合计约为 26.46%，其他各段的企业占比相对比较平均，约为 10% ～ 12%。

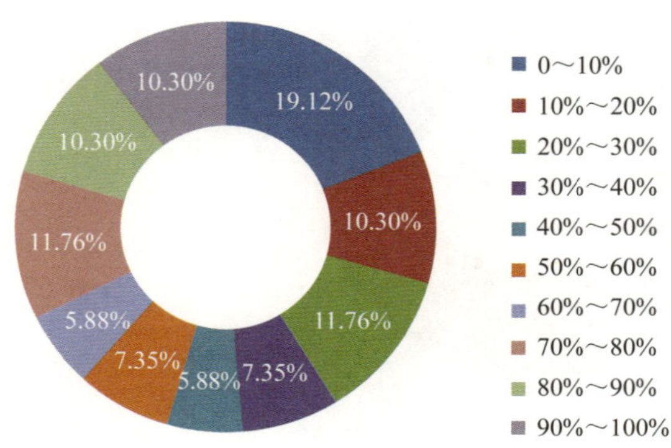

图 34　柔性版印刷相关业务的占比情况

调研企业直接出口业务比重情况如图 35 所示。由此可知，半数以上

（55.88%）的调研企业出口业务为10%以内，绝大多数调研企业（86.76%）出口业务比重在30%以下。出口业务比重50%以上的调研企业仅为8.83%。

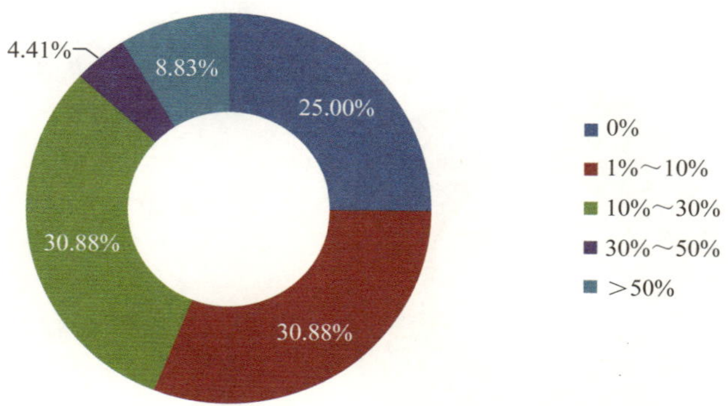

图35 出口业务比重分布情况

调研企业柔性版印刷相关业务销售额增长情况如图36所示。由此可知，绝大多数调研企业（70.59%）的柔性版印刷相关业务销售额有所增长（增幅大于5%）。其中，销售额增幅为5%～15%的企业约占33.82%，增幅15%～30%的企业约占16.18%，增幅30%～50%的企业约占20.59%。销售额变化不大（±5%）的企业约占16.18%，降幅较大（下降5%以上）的企业约占13.23%。

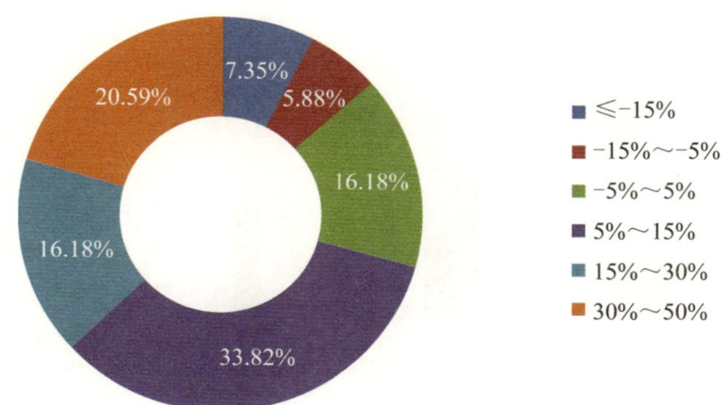

图36 柔性版印刷相关业务销售额增长情况

调研企业柔性版印刷相关业务利润增长情况如图37所示。由此可知，接近一半（47.05%）的企业其柔性版印刷相关业务利润增幅超过5%。其中，利润增幅为 5% ～ 15% 的企业约占 29.41%，利润增幅 15% ～ 30% 的企业约占 10.29%，利润增幅 30% ～ 50% 的企业约占 7.35%。利润变化不大（±5%）的企业约占 27.95%，另有 25.00% 的企业利润降幅较大（下降 5% 以上）。

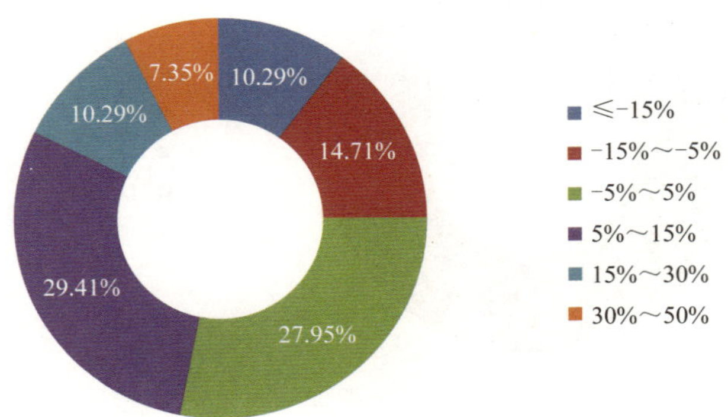

图 37　柔性版印刷相关业务销售利润增长情况

对于 2020 年度盈利的预期情况，认为明显好于或略好于 2019 年度的企业约为 33.82%，认为与 2019 年度基本相当的企业约为 17.65%，而认为略差或明显差于 2019 年度的企业约为 48.53%。与 2019 年的调查相比，对 2020 年度的预期明显不太乐观，如图 38 所示。

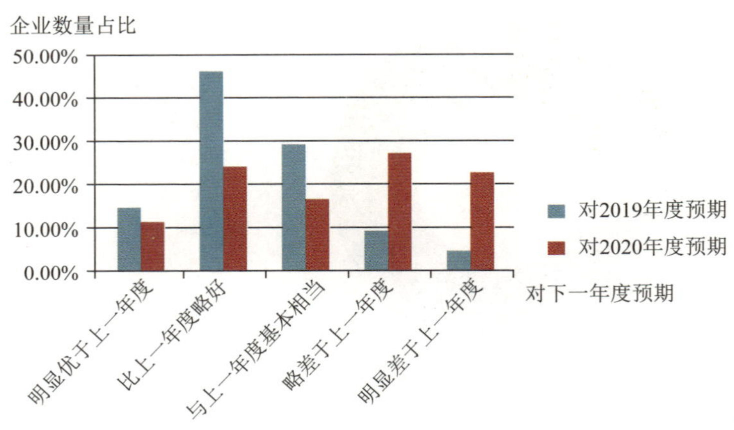

图 38　对下一年度的经营情况预期情况

二、柔性版印刷行业的环保现状

在柔性版印刷的油墨使用方面，环保性最优的水性油墨使用量占比较高，约为 58.91%，比 2018 年度增长 1.58%；UV 油墨用量占比约为 17.22%，比 2018 年度增长 2.76%；溶剂型油墨（醇溶剂油墨）使用量占比约为 23.87%，比 2018 年度减少 4.34%，如图 39 所示。

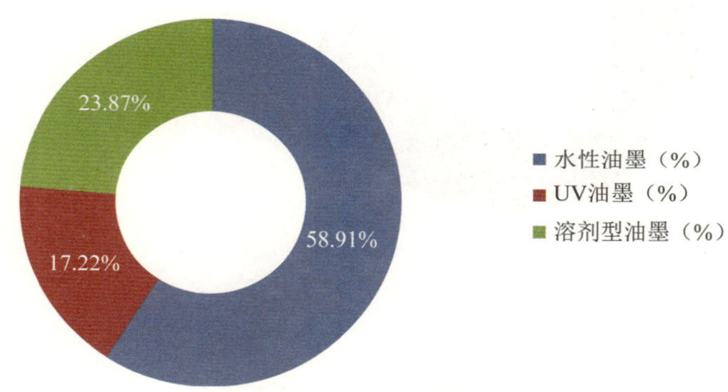

图 39　柔性版印刷油墨的应用比例

在各类柔性版制版工艺的洗版方式中，溶剂型洗版使用四氯乙烯的比例仍然较高，约为 40.53%，但是比 2018 年度下降了 8.84%；而环保型洗版液的应用比例约为 45.83%，比 2018 年度上升 7.67%；水洗版约为 3.33%，比 2018 年度上升 0.33%；不使用溶剂的洗版方式合计 10.31%，比 2018 年度上升 0.83%，其中液态版约为 7.36%，橡胶直雕制版和热敏制版分别为 2.61% 和 0.34%，如图 40 所示。

在调查的柔印企业和制版企业中，废水、废气处理和溶剂回收设备安装率普遍较高，如图 41 所示。其中 66.15% 的柔印企业和 75.00% 的制版企业安装了 VOCs 处理设备；69.23% 的柔印企业和 27.78% 的制版企业安装了废水处理装置；15.38% 的柔印企业和 88.89% 的制版企业安装了溶剂回收装置。同时，由图可知，52.31% 的柔印企业和 75.00% 的制版企业安装了两种以上环保设备；

13.85% 的柔印企业和 16.67% 的制版企业同时安装了三种以上的环保设备；未安装以上任何环保设备的柔印企业和制版企业的比例分别为 1.54% 和 0.00%。

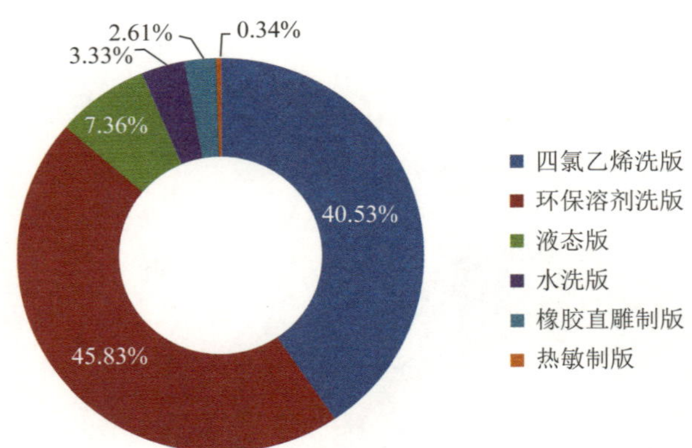

图 40　洗版溶剂的应用比例

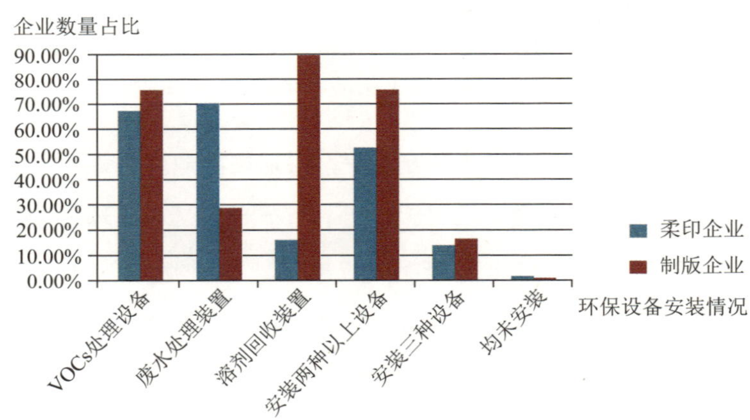

图 41　环保设备的应用情况

三、人才需求情况

在制约行业发展的主要因素中，其对印刷质量和效率的影响有所下降，而对高端专业技术人才的需求量增加。受当前复杂的国际贸易形势和新冠病毒肺炎疫情尚未得到有效控制的影响，调研企业对未来预期的不确定性上升，人员招聘需求出现大幅下降。随着新冠病毒肺炎疫情的好转，人员招聘需求可能会出现变化和上升。

调研印刷企业各岗位对人员招聘需求数量见表9，其中印刷企业对印前制作岗的新增需求人数由2019年的3.58人，降低到0.70人，下降了80.44%；印刷机操作岗由7.03人降低到2.66人，下降了62.16%；质量控制岗由3.55人降低到0.58人，下降了83.66%；设备维护岗由3.73人降低到0.41人，下降了89.00%；生产管理岗由3.42人降低到0.41人，下降了88.01%；市场营销岗由5.71人降低到0.89人，下降了84.38%；其他岗位由4.92人降低到0.64人，下降了86.99%。

表9　印刷企业对各岗位人才的需求人数

岗位	2019年平均新增需求（人）	2020年平均新增需求（人）	同比
印前制作	3.58	0.70	-80.45%
印刷机操作	7.03	2.66	-62.16%
质量控制	3.55	0.58	-83.66%
设备维护	3.73	0.41	-89.01%
生产管理	3.42	0.41	-88.01%
市场营销	5.71	0.89	-84.39%
其他	4.92	0.64	-86.99%

四、发展前景及存在的问题

（一）发展前景

随着柔性版印刷新技术、新工艺、新材料的应用，以及印刷机精度和自动化程度的提高，柔性版印刷质量显著提升，开始步入高品质印刷工艺的行列，质量可与胶印和凹印相媲美。特别是随着柔性版印刷水性油墨在薄膜类承印物上工艺的逐步成熟和国家环保管控力度的加强，将极大地推动柔性版印刷在软包装印刷领域的应用，从而进一步推动我国柔性版印刷市场整体的快速发展。

通过调查发现，要实现我国柔性版印刷市场份额的突破性发展，除了继续巩固并扩大其在瓦楞纸箱、无菌液体包装、纸杯纸袋、餐巾纸、无纺布等领域的优势地位，稳步扩大在标签印刷和折叠纸盒印刷的市场份额，同时要进入软包装印刷市场，尤其是与食品直接接触的密实袋和自立袋等印刷市场。

根据调查得出，我国柔性版印刷细分领域中增长最快的市场依次为：软包装表印、复合软包装、薄纸（纸袋／食品包装）、标签（不干胶类）、工业包装（纸袋，FFS）、液体无菌包、厚纸（纸杯／纸碗／纸盒）和纸箱预印等，如图 42 所示。

由此可知，调研企业普遍认为软包装表印和复合软包装印刷市场是柔性版印刷未来发展的重点方向。

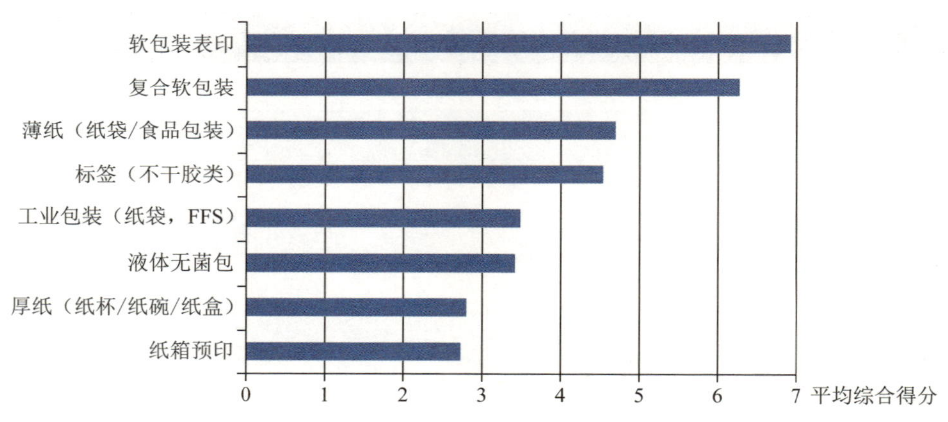

图 42　我国柔性版印刷细分领域中增长最快的市场

说明：

图中横坐标为选项的平均综合得分，是由问卷系统根据所有填写者对选项的排序情况自动计算得出的。它反映了选项的综合排名情况，得分越高表示综合排序越靠前。

计算方法为：选项平均综合得分＝（Σ 频数 × 权值）/ 本题填写人次

权值由选项被排列的位置决定。例如，有 3 个选项参与排序，那排在第一个位置的权值为 3，第二个位置权值为 2，第三个位置权值为 1。

例如，一个题目共被填写 12 次，选项 A 被选中并排在第一位置 2 次，第二位置 4 次，第三位置 6 次，那选项 A 的平均综合得分 =（2×3 + 4×2 + 6×1）/12 = 1.67 分。

（二）存在的问题

数据表明，约 53.63% 的调研企业认为中美贸易摩擦对行业影响大或比较大。其中认为中美贸易摩擦对行业影响大的企业约为 12.85%，认为影响比较大的企业约为 40.78%；而认为影响不大或基本没有影响的企业分别为 41.90% 和 4.47%，如图 43 所示。

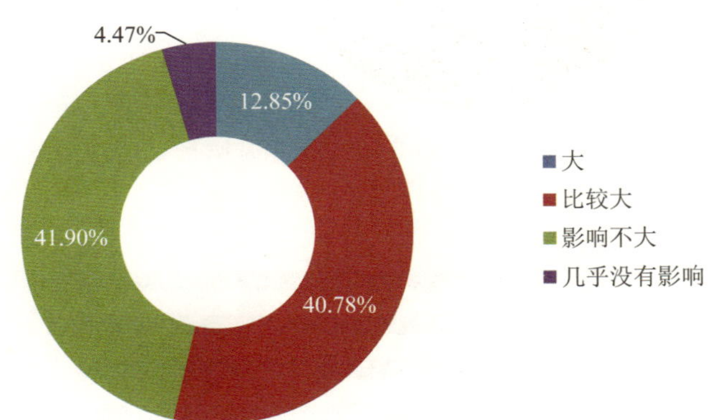

图 43　中美贸易摩擦对我国柔性版印刷行业发展的影响

与中美贸易摩擦相比而言，2020 年年初发生的新冠病毒肺炎疫情对行业的影响会更大一些。本次调研是在 2020 年 4 月进行的，虽然国内疫情得到基本控制，但是国际上还在持续蔓延。约 76.54% 的调研企业认为新冠病毒肺炎疫情将对行业产生严重影响或比较严重影响。其中认为新冠病毒肺炎疫情将对行业产生影响大或比较大的企业分别占 25.14% 和 51.40%，认为影响不大或基本没有影响的企业分别占 20.11% 和 3.35%，如图 44 所示。

调查数据进一步表明，认为新冠病毒肺炎疫情对柔性版印刷行业细分领域影响程度由大到小依次为标签（不干胶类）、厚纸（纸杯／纸碗／纸盒）、纸箱预印、工业包装（纸袋，FFS）、薄纸（纸袋／食品包装）、软包装表印、复合软包装、液体无菌包、瓦楞纸水印等，如图 45 所示。图中横坐标为选项的平均综合得分，是由问卷系统根据所有填写者对选项的排序情况自动计算得出的。它反映了选项的综合排名情况，得分越高表示综合排序越靠前。

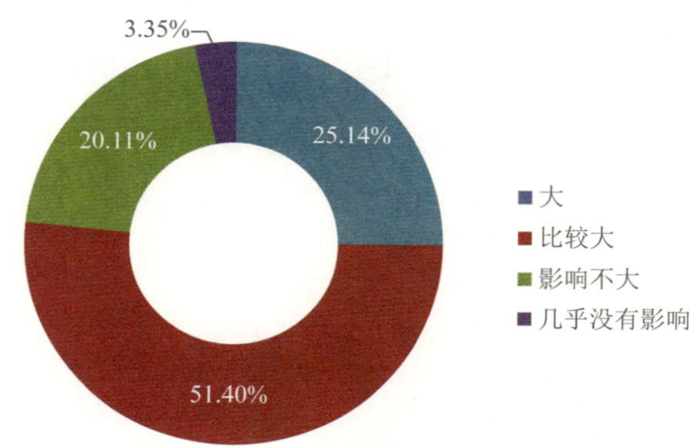

图 44　新冠病毒肺炎疫情对我国柔性版印刷行业发展的影响

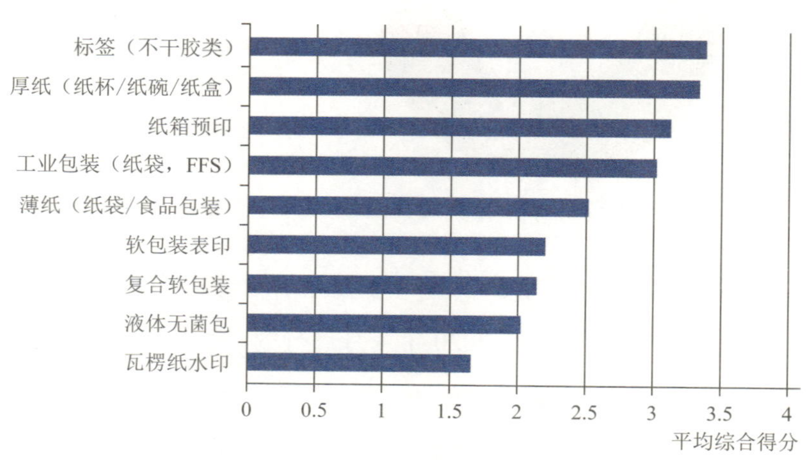

图 45　新冠病毒肺炎疫情对柔性版印刷细分领域的影响

除此之外，调研企业普遍认为专业技术人才短缺是制约行业发展的第一影响因素。柔性版印刷质量有待提高、印刷工艺和标准体系不成熟、进口柔性版印刷机价格高、配套部件和耗材成本高分别位列第二至五位。位列第六至八位的分别是柔性版制版成本高、政策扶持力度不够和国产柔性版印刷机质量低等，如图 46 所示。图中横坐标为选项的平均综合得分，由问卷系统根据所有填写者对选项的排序情况自动计算得出。它反映了选项的综合排名情况，得分越高表示综合排序越靠前。

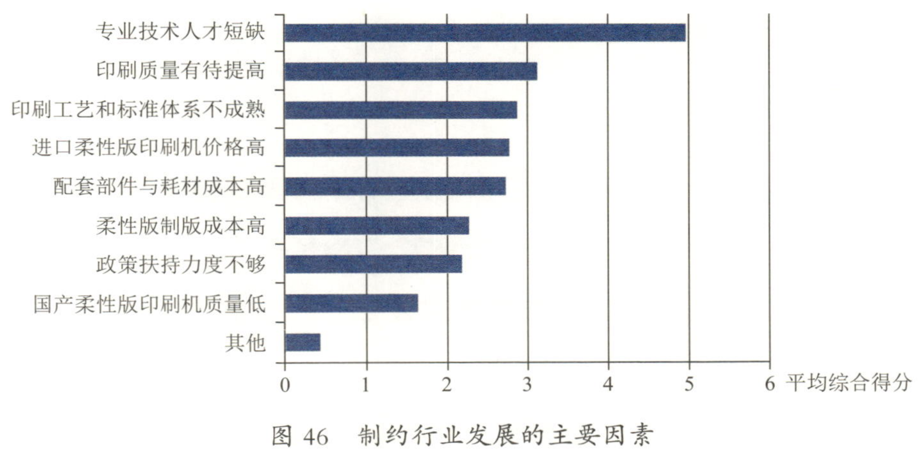

图 46　制约行业发展的主要因素

调查数据表明，企业当前面临的主要困难从高到低依次为市场订单不足、专业技术人才短缺、用工成本高、政府扶持力度不够、资金紧张、产能不足和其他问题，如图 47 所示。图中横坐标为选项的平均综合得分，由问卷系统根据所有填写者对选项的排序情况自动计算得出。它反映了选项的综合排名情况，得分越高表示综合排序越靠前。

为了解决以上主要困难，企业采取的主要措施分别是：新产品／新工艺开发、招聘专业技术／管理／营销人员、制定企业发展战略规划、建立校企合作／行业合作联盟、融资贷款等，如图 48 所示。图中横坐标为选项的平均综合得分，由问卷系统根据所有填写者对选项的排序情况自动计算得出。它反映了选项的综合排名情况，得分越高表示综合排序越靠前。

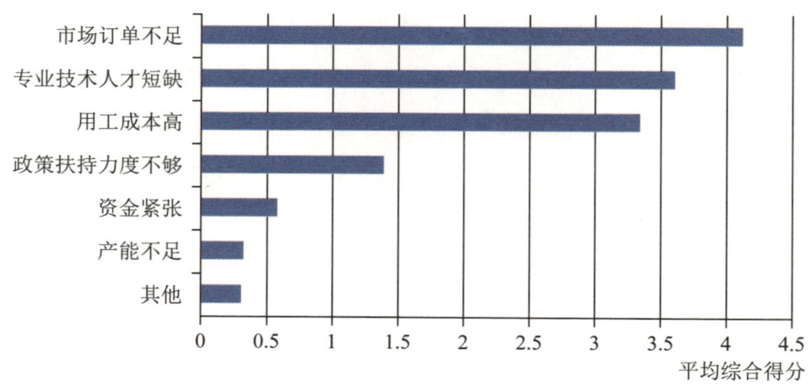

图 47　调研企业面临的主要困难

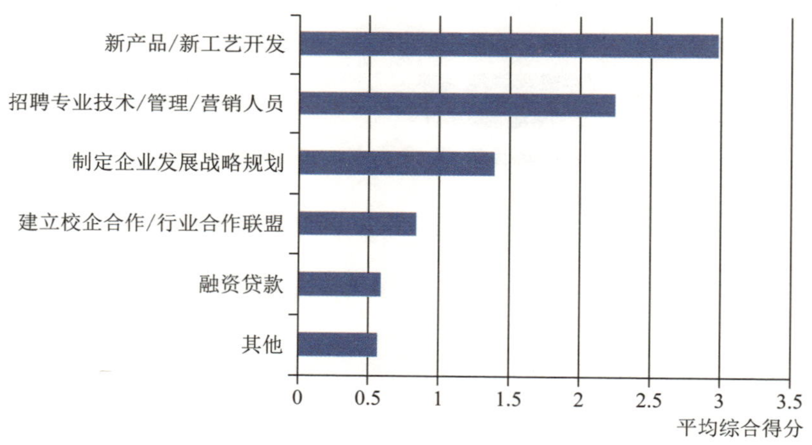

图 48　企业急需解决的主要问题

五、结论与建议

（一）基本结论

受时间和条件所限，尤其是受到新冠病毒肺炎疫情影响，2020 年调查尚存在一些不足，但这并不影响从调查中得出目前我国柔性版印刷行业发展现状的一些基本结论。

1. 在各种有利条件的共同推动下，柔性版印刷呈现出快速发展的势头

随着国家相关政策和法律法规的相继出台，以及各种宣传和引导的不断深入，为绿色印刷发展起到了指导和推动作用，印刷行业绿色化发展已经成为业内共识，柔性版印刷因其绿色环保越来越受到行业和消费者的青睐。最新调研数据分析表明，柔性版印刷企业的行业集中度进一步提高，柔性版印刷业务占比持续上升，柔性版印刷机保有量明显增长；柔性版印刷业务平均增长率约为19.60%，远超我国印刷行业的平均增速，也远高于全球柔性版印刷的平均增速，正呈现出快速发展的势头，柔性版印刷迎来了最好的发展机遇。

2. 软包装印刷已经成为柔性版印刷最重要的领域之一

随着各种先进技术的不断发展与应用，柔性版印刷的质量水平有了很大提升，基本具备了与胶印或凹印相媲美的能力，软包装表印和复合软包装是柔性版印刷最重要的应用领域，目前柔性版印刷软包装业务已经应用到日用化工、休闲食品、卫生用纸等包装领域，得到了很多品牌客户的广泛参与和接受，呈现出稳步增长态势。虽然药品包装、电子建筑材料等包装领域，因各种因素暂时没有得到广泛应用，但并不是表明柔性版印刷的产品外观不能满足要求，而是市场拓展的力度和复合软包装有很多特殊的要求。调查数据表明，软包装印刷已经成为除瓦楞纸包装以外柔性版印刷最重要的领域之一，这得益于柔性版印刷健康卫生、绿色环保和高效率的特点，非常好地满足了软包装中透气膜市场的需求，使得柔性版印刷近几年在透气膜印刷领域快速增长。

3. 国产版材与柔性版印刷设备为行业发展提供了有力保障

近年来以乐凯华光和上海强邦等为代表的国产版材生产企业快速发展，国产柔性版材质量得到市场认可，产能有了很大提升。从海关统计数据看，柔性版版材进口量快速上升的势头有所减缓，出口量快速增长，最新调查数据表明，乐凯华光的市场占有率已经成功进入前三名。同时，无论是机组式、卫星式还是层叠式柔性版印刷机，西安航天华阳、潍坊东航、青州意高发等国产设备均

占据很高比重。新冠肺炎疫情给印刷机械制造业提出了加速智能化技术研发的要求，促使其能生产出更多的“以信息化带动工业化”两化融合智能设备，以适应印刷包装企业的需要。国产版材和设备的普及，为我国柔性版印刷企业降低成本，推动行业快速发展提供了有力保障。

4. 柔性版印刷继续朝着绿色化、数字化、智能化方向发展

柔性版印刷的绿色环保性进一步得到体现，主要表现在越来越多地使用其他传统印刷工艺的包装印刷企业和终端用户加快步伐选择柔性版水性油墨、UV 油墨来进行生产和采购；同时油墨生产企业正在花大力气研发和生产更多的符合市场需求和环保标准的柔性版水性油墨、UV 油墨品种供应市场。各种环保型洗版方式应用比例明显上升，而四氯乙烯 + 正丁醇溶剂型洗版液的应用比例比上一年度明显下降；废水处理、废气处理和溶剂回收设备安装率普遍较高。

分切、模切、覆膜、清废、烫金、涂布、制袋、折页、糊盒等连线后道加工及喷墨等组合印刷单元在用于标签生产的柔性版印刷生产线上得到较广泛应用。无轴传动与伺服控制技术、印品质量在线检测技术等也有较高比例应用，带有负反馈系统控制的用 CCD 相机检测的自动套准和自动压力调整技术，开始在国产机组式柔性版印刷机应用，信息化的质量检测系统不仅为柔性版印刷企业提供质量检测设备，还提供了数字化管理服务，如将缺陷检测结果形成统计报表和质量报告融入客户本身的质量管理体系，为柔性版印刷企业收集产品质量数据打造信息化、智能化工厂提供了可行之路。

5. 国际贸易环境和新冠病毒肺炎疫情对行业带来严重影响，而专业人才短缺成为制约行业发展的重要因素

尽管大部分调研企业以满足国内市场为主，但考虑到包装印刷业为其他制造业配套服务的属性，国际贸易环境变化对印刷业发展同样具有较大影响。特别是 2020 年年初突如其来的全球新冠病毒疫情将给柔性版印刷行业带来较严重影响，被调研的企业对下一年度的经营状况表现出更多不乐观的预期。

当前，企业面临的主要困难是市场订单不足、专业技术人才短缺、用工成本高、资金紧张等问题。不难看出，专业人才短缺已经成为影响柔性版印刷行业发展的主要制约因素之一。与此同时，在目前严峻的经济形势下，企业对未来预期的不确定性上升，人员招聘的迫切需求大幅减少，生产成本也有所增加，因此企业要充分估计当前困难、风险和不确定性。

（二）几点建议

1. 继续加强政策引导，加大政府扶持力度

从 2010 年 9 月原国家新闻出版总署与环境保护部共同签署《实施绿色印刷战略合作协议》起，我国实施绿色印刷战略已满 10 个年头。其间出台了许多绿色印刷相关的政策、法规和标准，特别是 2015 ～ 2019 年的五年间，发布政策和标准的密集度更高。尤其是 2019 年 6 月生态环境部印发《重点行业挥发性有机物综合治理方案》（环大气〔2019〕53 号），同年 9 月，国家新闻出版署、国家发展改革委、工业和信息化部、生态环境部和国家市场监督管理总局印发《关于推进印刷业绿色化发展的意见》（国新出发〔2019〕29 号）等，对印刷行业绿色化转型发展起到非常好的效果，为绿色柔性版印刷发展发挥了有力指导和推动作用。

建议继续加强政策引导，建立柔性版绿色印刷示范工程，推广示范企业的成功经验。同时，加大政府扶持力度，将柔性版印刷列入分类统计内容，加强对实施柔性版印刷企业财税政策、产业政策和专项资金扶持，更好地推动印刷企业绿色化转型发展进程。

2. 加快制定柔性版印刷的环境标志产品标准技术要求，实现绿色印刷十环标志认证全覆盖

作为绿色印刷十环标志认证必备的国家环境保护标准的《环境标志产品标准技术要求》，已先后发布了第一部分平版印刷、第二部分商业票据印刷、第

三部分凹版印刷等系列环保标准，有力地调动了相关印刷企业获得绿色认证的积极性。尽管柔性版印刷是业界公认的绿色印刷方式，但是《环境标志产品技术要求》至今没有柔性版印刷的标准，导致采用单一柔性版印刷工艺的企业不能被认定为绿色印刷企业，无法享受政府相关优惠政策和资金扶持，建议加快制定《环境标志产品标准技术要求柔性版印刷》的进度，实现绿色印刷十环标志认证全覆盖。

3. 加强产学研合作，攻克软包装柔性版印刷领域的技术瓶颈

软包装是柔性版印刷未来发展的重要应用领域，要想进一步扩大柔性版印刷在软包装中食品包装、卫生和日用品包装的市场份额，需要在强化其健康卫生、绿色环保特点的基础上，针对软包装柔性版印刷存在的采用溶剂型油墨较多、VOCs 排放量大、环保成本偏高、150lpi 及以上加网线数印刷的质量稳定性等问题，设立专项引导资金，鼓励相关企业、高校和科研院所加大研发投入，通过产学研用合作联合攻关，推动水性油墨印刷工艺在复合软包装上的应用，解决软包装柔性版印刷的瓶颈问题，为柔性版印刷产业的快速发展提供技术支撑。

4. 加强柔性版印刷专业人才培养，为行业持续发展提供充分的人力资源保障

随着柔性版印刷行业的快速发展，专业人才的短缺问题已十分突出，培养更多合格的专业人才是保证柔性版印刷行业持续、快速发展的关键所在，应加大相关专业人才的培养力度和资金投入。尽快建立和完善大专院校柔性版印刷专业建设与课程设置，引进和编写通俗易懂的专业培训教材，积极开展职业技能培训和竞赛活动，将相关培训纳入政府的培训补贴范围，提高企业职工的业务能力和技术水平，形成多层次的柔性版印刷产业技术人才培养体系，为柔性版印刷行业的持续发展提供充分的人力资源。

5. 加强舆论引导和媒体宣传，实现向绿色印刷消费的有效转型

虽然柔性版印刷是一种非常环保的印刷方式，但其质量和成本与其他印刷

工艺相比仍有一些差距，在我国整个印刷工业中占比还很小。因此，在提升印刷质量的同时，环保理念的宣传和消费观念的转变非常重要，需要主流新闻媒体加大绿色消费宣传，引导公共舆论，培育绿色消费理念，形成绿色消费的内在驱动，尽快实现向绿色印刷消费的有效转型。

综上所述，印刷行业绿色化转型发展是必由之路，虽然当前受国际贸易环境和新冠病毒肺炎疫情影响，印刷行业承受了前所未有的挑战和压力，但我们深信，在各方的共同推动下，我国柔性版印刷目前正处于蓬勃发展时期，未来的发展空间和应用前景十分广阔，在实现印刷业的转型升级过程中将发挥愈益重要的作用。

中国柔性版印刷机销售情况调查报告

施建屏
（中国印刷技术协会柔性版印刷分会）

卷筒料柔性版印刷机按照滚筒排列方式，可以分成卫星式、机组式和层叠式三种类型，能体现出柔性版印刷机的效率与特长及机器制造水平的主要是机组式和卫星式两种，因此本报告未涉及层叠式柔性版印刷机。

机组式柔性版印刷机具有投资相对较低，配置灵活，便于将不同印刷方式组合在一起，可进行联线印后加工、满足用户自动贴标要求、设备结构简单、便于操作和维护保养等优点。与机组式柔性版印刷机相比，卫星式柔性版印刷机最主要的优点是可获得更高的套印精度，且机器的结构刚性好，承印材料损耗低，使用性能更稳定。这两种机型都采用卷筒材料进行印刷，都能使用符合环保要求的少（无）VOCs排放的水性油墨和紫外光固化油墨进行生产，具有良好的印刷质量，生产效率高等优点。

一、对本报告的几点说明

本报告第二部分机组式柔性版印刷机的数据来源于《印刷技术》杂志的“2019柔性版印刷在中国”装机量调查报告，统计数据的时间为2018年7月1日～2019年6月30日。调查和统计的范围是销售到中国内地的机组式柔性版印刷机，不包括销售到香港特别行政区、澳门特别行政区、台湾地区，以及出口到国外的机组式柔性版印刷机。

本报告第三部分卫星式柔性版印刷机的数据来源于中国印刷技术协会柔性版印刷分会的2019年中国卫星式柔性版印刷机销售情况调查，统计数据的时间为2019年1月1日～2019年12月31日。调查和统计的范围是销售到中国内地的幅面在800mm以上的中宽幅卫星式柔性版印刷机，该报告未包括国产卫星式柔性版印刷机制造商销售到香港特别行政区、澳门特别行政区、台湾地区，以及出口到国外的卫星式柔性版印刷机数据。

本报告只统计分析2019年机组式柔性版印刷机和幅面在800mm以上的中宽幅卫星式柔性版印刷机在中国内地的装机量及增量情况，层叠式柔性版印刷机未在统计分析范围之内，也未统计用于涂布上光的单色柔性版印刷机组。

本报告除引用以上数据外，编者还咨询了相关行业协会、业内专家、部分参与调查的供应商，并对信息进行了对比、统计和分析。

二、机组式柔性版印刷机的销售情况

1. 近14年国内销售数量

自2006年起《印刷技术》杂志编辑部每年都在9月刊上发布“柔性版印刷在中国”装机量调查报告，其统计时间段为上年的7月1日到当年的6月30日，且只统计在中国内地市场安装的机组式柔性版印刷机。“2019柔性版印刷在中国”的调查数据显示，国内机组式柔性版印刷机14年装机总量达2766台（见图1）。2018年7月1日～2019年6月30日，有225台全新的机组式柔性版印刷机在中国内地投入使用，其中国产机为198台，占88.00%；进口机为27台，占12.00%（见图2）。

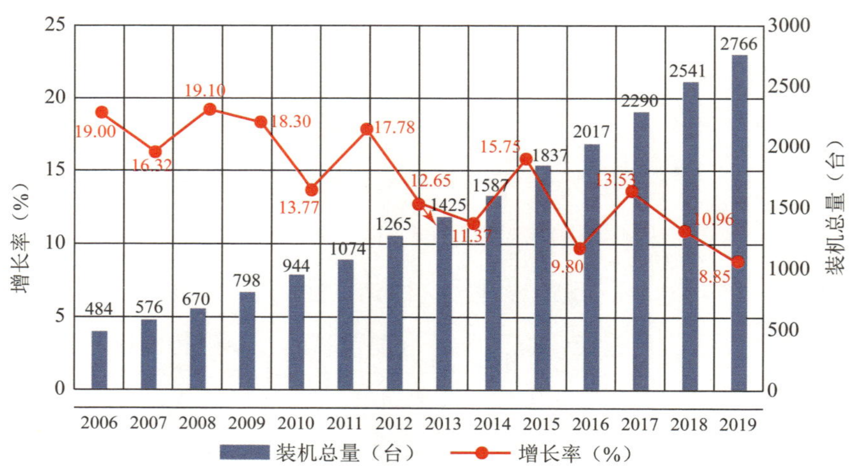

图 1　2006 ～ 2019 年中国内地机组式柔性版印刷机装机总量及增长率

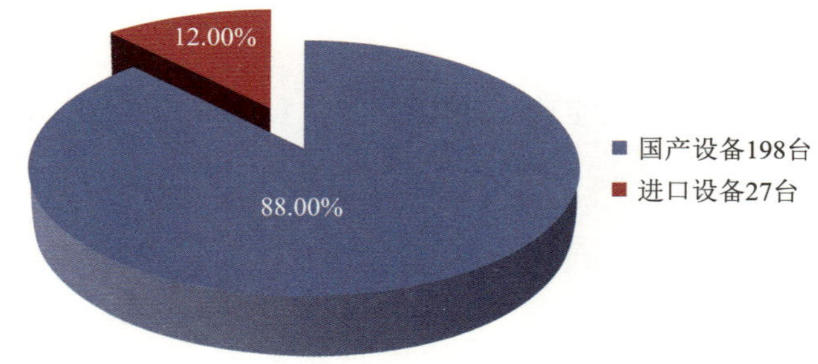

图 2　2019 年机组式柔性版印刷机国产与进口设备装机情况

表 1 为 2019 年部分机组式柔性版印刷机供应商国内装机量、增量及增长率情况。从表 1 可以看到国产品牌装机增量的排序，潍坊东航以 77 台的业绩排名第一，占国产机装机量（198 台）的 38.88%，占同期装机量（225 台）的 34.22%；青州意高发紧随其后，装机增量为 69 台，占国产机装机量的 34.85%，占同期装机量的 30.67%；2016 年起进入机组式柔性版印刷机装机量统计的浙江炜冈暂居第三，装机增量为 52 台，占国产机同期装机量的 26.26%，占同期装机量的 23.11%。从 2019 年装机量增长率来看，潍坊东航增

长率为10.55%，青州意高发增长率为8.80%，浙江炜冈增长率为46.43%。由此可见，国产主要品牌机组式柔性版印刷机的装机量均交出了令人满意的答卷。

表1 2019年部分机组式柔性版印刷机供应商国内装机量、增量及增长率情况
（截至2019年6月30日）

销售厂商	品牌	装机量（台）		增量（台）	增长率（%）
		上年	本年		
潍坊东航	东航	730	807	77	10.55
青州意高发	意高发	784	853	69	8.80
浙江炜冈	炜冈	112	164	52	46.43
海德堡 / 捷拉斯	捷拉斯	99	108	9	9.09
欧米特	欧米特	61	68	7	11.47
美国联合	麦安迪	172	177	5	2.91
广州基杜	博斯特（原基杜）	56	61	5	8.93
纽博泰	纽博泰	54	55	1	1.85
增量合计225台，增长率8.9%					

从2019年进口品牌装机量的数据来看，捷拉斯排名第一，装机增量为9台，占进口机同期装机量（27台）的33.33%，占同期装机量（225台）的4.00%；欧米特屈居第二，装机增量为7台，占进口机同期装机量的25.93%，占同期装机总量的3.11%；麦安迪、博斯特（原基杜）并列第三，装机增量各为5台，占进口机同期装机量的18.52%，占同期装机量的2.22%；纽博泰排名第五，装机增量为1台，占进口机同期装机量的3.70%，占同期装机量的0.44%。从2019年装机量的增长率来看，捷拉斯增长率为9.09%，欧米特增长率为11.47%，博斯特（原基杜）增长率为8.93%，麦安迪增长率为2.91%，纽博泰增长率为1.85%。

2. 印刷机区域分布情况

图 3 为 2019 年三大印刷产业带装机增量及占比，可以看到 2019 年三大印刷产业带的装机增量情况的对比，2019 年珠三角地区（广东）装机增量为 36 台，约占当年装机总量（225 台）的 16.00%；以上海、浙江、江苏为主体的长三角地区装机增量为 76 台，占比为 33.78%；环渤海地区（北京、天津、山东、河北、辽宁）装机增量为 36 台，占比为 16.00%。从整体来看，三大印刷产业带的装机增量累计为 148 台，占当年总装机增量的 65.78%。从以上数据可以看出，三大印刷产业带仍以绝对优势继续引领中国内地机组式柔性版印刷机市场的发展，尤其是长三角地区以 76 台装机增量的成绩继续领跑，再次显示出了超强的发展潜力。

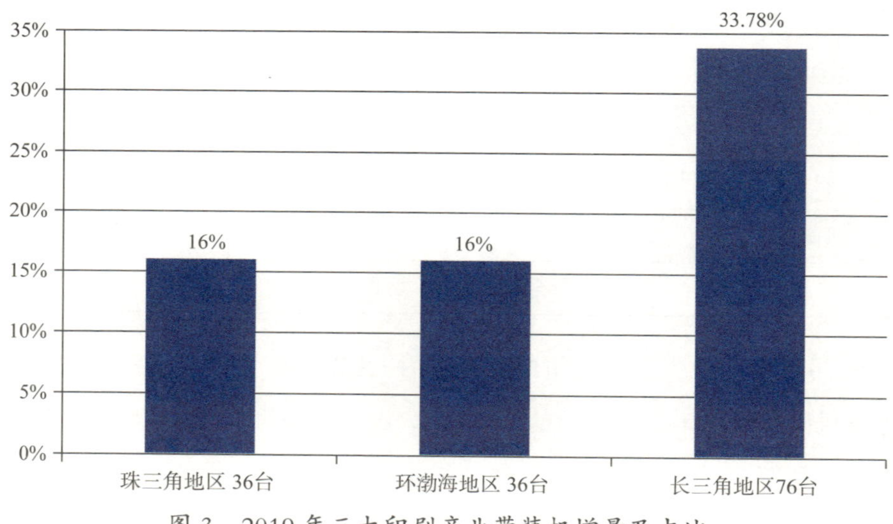

图 3　2019 年三大印刷产业带装机增量及占比

从传统地理分区来看，在 2019 年的装机增量中，华东地区（上海、江苏、浙江、安徽、江西、山东）仍然排在首位，装机量为 113 台，占当年装机总量的 50.22%；华南地区（广东、广西、海南、福建）装机量为 51 台，占比为 22.66%；华北地区（北京、天津、河北、山西、内蒙古自治区）装机量为 15 台，占比为 6.67%；西南地区（重庆、四川、贵州、云南、西藏自治区）装机量为 12 台，占比为 5.33%；华中地区（河南、湖北、湖南）装机量为 26 台，占比为11.56%；西北地区（陕西、甘肃、青海、宁夏回族自治区、新疆维吾尔自治区）装机量为5台，占比为2.22%；东北地区（黑龙江、吉林、辽宁）装机量为3台，占比为1.33%。

调查数据反映的结果也与多家柔性版印刷机供应商的观点一致，大家认为华东与华南地区是近年柔性版印刷市场增长最快的地区，主要是由于这些地区的印刷企业整体实力较强、终端客户集中、管理规范，对于柔性版印刷工艺的认可度较高。

从2019年中国内地机组式柔性版印刷机调查结果显示，已安装有机组式柔性版印刷机的省区市为31个，西藏自治区装机量实现了“零”的突破。其中，广东以462台的装机量（进口机152台，国产机310台）遥遥领先，连续14年雄踞榜首，占有明确地区分布的装机总量（2604台）的17.74%；位列第二的是浙江，装机量为343台，占比为13.17%；上海紧追其后，装机量为284台，占比为10.91%；江苏装机量为227台，占比为8.72%；山东装机量为211台，占比为8.10%。上述5个省市的装机量均已超过200台，特别是广东省达到450台，是当之无愧的“第一梯队”。身居“第二梯队”的省份福建、安徽、湖北，装机量均已超过100台，分别为121台、118台和115台，分别占有明确地区分布的装机总量（2604台）的4.65%、4.53%和4.42%。河南近年增长较快，装机量为98台，占比为3.76%；四川已连续14年位列前10名，装机量为92台，占比为3.53%；始终保持良好的发展态势。排在区域装机量的最后3位的是宁夏回族自治区、青海和西藏自治区（见表2）。

表2　2019年机组式柔性版印刷机各省区市装机量、增量及排名

本次排名	省区市	上年排名	装机量（台）	增量（台）	占比（%）
1	广东	1	462	36	17.74
2	浙江	2	343	41	13.17
3	上海	3	284	16	10.91
4	江苏	4	227	19	8.72

续表

本次排名	省区市	上年排名	装机量（台）	增量（台）	占比（%）
5	山东	5	211	21	8.10
6	福建	6	121	14	4.65
7	安徽	8	118	16	4.53
8	湖北	7	115	11	4.42
9	河南	9	98	11	3.76
10	四川	10	92	7	3.53
11	河北	12	80	9	3.07
11	北京	11	80	1	3.07
13	天津	13	70	3	2.69
14	陕西	14	55	3	2.11
15	云南	15	50	3	1.92
16	湖南	16	26	4	0.98
17	广西	17	21	1	0.81
17	江西	17	21	0	0.81
19	辽宁	20	17	2	0.65
19	重庆	19	17	1	0.65
21	吉林	22	15	1	0.58
22	内蒙古自治区	20	14	0	0.54
23	贵州	23	13	0	0.50
24	海南	24	10	0	0.38
24	山西	26	10	2	0.38
24	黑龙江	24	10	0	0.38
27	甘肃	27	9	1	0.35
27	新疆维吾尔自治区	28	9	1	0.35
29	宁夏回族自治区	28	4	0	0.15
30	青海	30	1	0	0.04
30	西藏自治区	31	1	1	0.04
合计			2604*	225	

*《印刷技术》历年发布的“‘柔性版印刷在中国’装机量调查报告”，收到的企业数据中累计共有162台未能提供分布地区。

装机增量方面，自2010年以来，广东、浙江、上海、山东、江苏一直稳居装机增量前茅。在该调查中，装机增量在10台及以上的省区市达到了9个。其中，浙江以41台的成绩拔得头筹，广东以36台的成绩入围前三甲，同时入围的还有势头很旺的山东，也取得21台的佳绩。江苏和上海的装机增量分别为19台和16台。值得注意的是，安徽（16台）、湖北（11台）、河南（11台）增长势头也较猛，说明中部地区的柔性版印刷应用正在兴起，并将继续发展壮大。

3. 印刷机幅面与应用情况

机组式柔性版印刷机按照幅宽来区分，一般可分为窄幅机（≤ 600mm）、中幅机（600mm< 幅宽 <1100mm）、宽幅机（≥ 1100mm）3种。参与2019年调查的8家机组式柔性版印刷机供应商中，只有潍坊东航和青州意高发两家公司能提供窄幅、中幅和宽幅3种不同幅面的设备；麦安迪和欧米特能提供窄幅、中幅2种幅面的设备；捷拉斯能提供窄幅、宽幅2种幅面的设备；其余几家供应商目前仅提供窄幅设备。

图4给出了2019年不同幅面机组式柔性版印刷机装机增量及占比，由图4可知，2018年7月1日～2019年6月30日，在中国内地新增的225台机组式柔性版印刷机中，窄幅机为95台，占装机增量的42.22%；中幅机为62台，占装机增量的27.56%；宽幅机为68台，占装机增量的30.22%。

窄幅机较上年下降了24.60%，是因为窄幅机主要应用于标签印刷领域，且近年来有较多的印刷企业转型时瞄准利润率相对较高的标签产业，使得窄幅机的装机增量增长较快，2019年这一做法开始回归理性。而中宽幅机受国家环保绿色政策的推动以及柔印技术的不断提高，在软包装、纸杯、纸碗、纸盒、纸袋、瓦楞纸箱预印等领域的应用需求得到了大幅提升。

在中宽幅机组式柔性版印刷机领域，潍坊东航和青州意高发占有绝对的市场地位，根据这两家供应商提供给《印刷技术》的2019年中宽幅机组式柔性版印刷机的装机增量数据对比可知，潍坊东航和意高发势均力敌，不相上下。

在窄幅机组式柔性版印刷机领域，浙江炜冈以52台的增量高居榜首，这与其专注于窄幅机的生产与研发极为相关；潍坊东航以14台的增量位居第二，其余6个品牌的窄幅机装机量均不足10台。可见，国内供应商的设备制造水平已逐渐提升，并向国际水准靠拢，这大大提升了国内用户对国产品牌的信赖度。

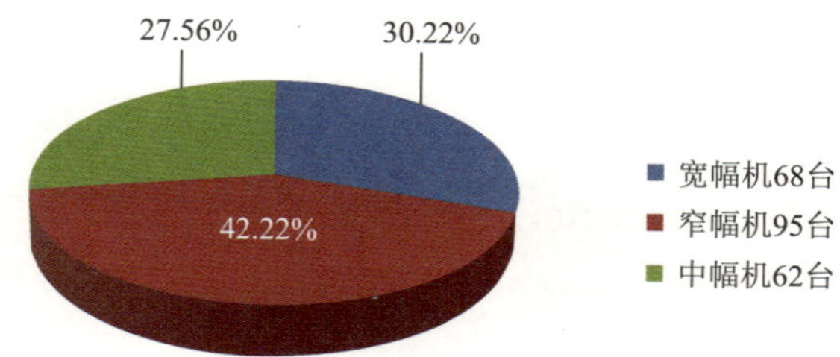

图4　2019年不同幅面机组式柔性版印刷机装机增量及占比

三、卫星式柔性版印刷机的销售情况

从中国印刷技术协会柔性版印刷分会发布的2019年中国卫星式柔性版印刷机销售情况调查数据中可以看到，卫星式柔性版印刷机的国内销售数量6年接近260台（见图5）。近3年，中国内地卫星式柔性版印刷机每年实现销售都超过50台。

表3是2014～2019年中国内地卫星式柔性版印刷机销售量、增量及增长率一览表；表4为2014～2019年中国内地国产与进口卫星式柔性版印刷机销售量及占比情况一览表。

2014～2019年共有259台全新的卫星式柔性版印刷机在中国内地投入使

用，其中国产机为242台，占93.44%；进口机为17台，占6.56%（见表4）。

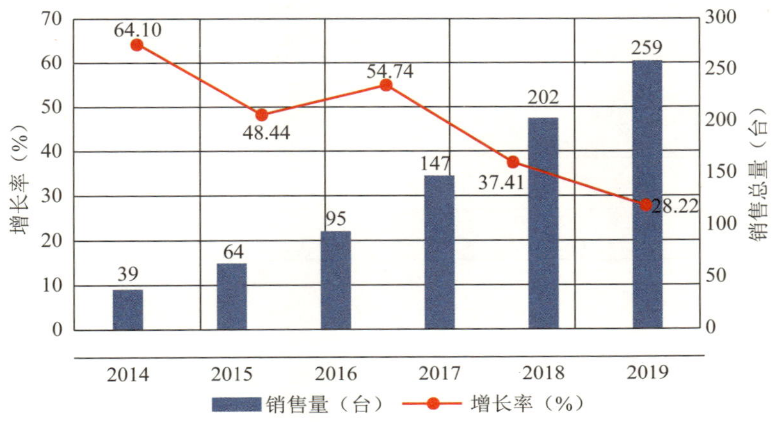

图5　2014～2019年中国内地卫星式柔性版印刷机销售量及增长率

表3　2014～2019年中国内地卫星式柔性版印刷机销售量、增量及增长率

年份	销售量累计（台）	增量（台）	增长率（%）
2014	39	—	—
2015	64	25	64.10
2016	95	31	48.44
2017	147	52	54.74
2018	202	55	37.41
2019	259	57	28.22

表4　2014～2019年中国内地国产与进口卫星式柔性版印刷机销售量及占比

年份	国产设备		进口设备	
	当年销售量	占比（%）	当年销售量	占比（%）
2014	36	92.30	3	7.70
2015	22	88.00	3	12.00
2016	30	96.77	1	3.23

续表

年份	国产设备		进口设备	
	当年销售量	占比（%）	当年销售量	占比（%）
2017	48	92.31	4	7.69
2018	53	96.36	2	3.64
2019	53	92.98	4	7.02
共计	242	93.44	17	6.56

2019 年 1 月 1 日～ 2019 年 12 月 31 日，共有 57 台全新的卫星式柔性版印刷机在中国内地投入使用，其中国产机为 53 台，占 92.98%；进口机为 4 台，占 7.02%（见图 6）。

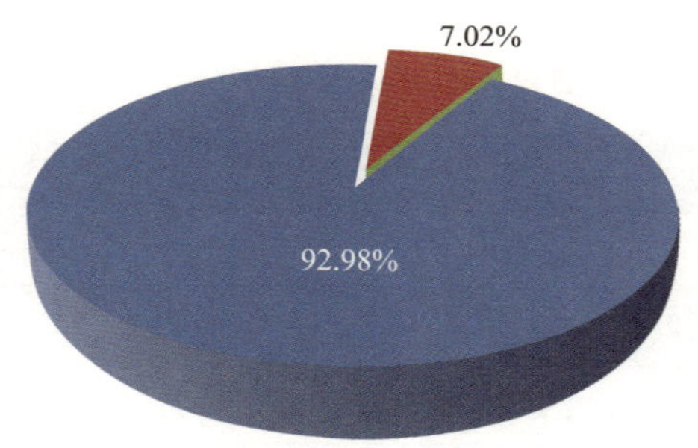

图 6　2019 年国产与进口卫星式柔印机销售增量及占比

表 5 为 2019 年部分卫星式柔性版印刷机供应商国内销售量及增量一览表。从近 6 年国产品牌销售量的排序来看，西安航天华阳以 115 台的成绩遥遥领先，其销售数量占卫星式柔性版印刷机同期销售量的（259 台）44.40%，占国产机同期销售量（242 台）的 47.52%；2016 年才开始进入卫星式柔性版印刷机销售的瑞安昶泓排名跃居第二，近 4 年的销售量为 60 台，占国内 6 年销售量的 23.17%，占国产机同期装机量的 24.79%；广东欧格排名第三，6 年销售量为 47 台，占同期销售量的 18.15%，占国产机同期销售量的 19.42%。瑞安昶泓 2019 年销售量增长率为 66.67%，西安航天华阳 2019 年销售量增长率为

23.66%，广东欧格 2019 年销售量增长率为 6.82%。由此可见，国产主要品牌卫星式柔性版印刷机在 2019 年的销售数量均交出了令人满意的答卷。

表 5　2019 年部分卫星式柔性版印刷机供应商国内销售量及增量一览表

（截至 2019 年 12 月 31 日）

销售厂商	品牌	国内销售量累计（台）		增量（台）	增长率（%）
		上年	本年		
西安航天华阳	HY Flexo	93	115	22	23.66
广东欧格	OLGER	44	47	3	6.82
瑞安昶泓	昶泓	36	60	24	66.67
佛山伟塔	伟塔机械	3	7	4	133.33
嘉华行	Uteco	3	4	1	33.33
索玛机械	SOMA	5	8	3	60
增量合计 57 台，增长率 28.22 %					

从进口品牌来看，在销售量方面，排名第一的是捷克索玛机械，近 6 年销售量为 8 台，领先于其他进口品牌，占卫星式柔性版印刷机 6 年装机量的 3.09%，占进口机同期销售量的 47.06%；香港嘉华行（代理意大利 Uteco）排名第二，销售量为 4 台，占 6 年销售量的 1.54%，占进口机同期销售量的 23.53%。索玛机械 2019 年销售量增长率为 60%，香港嘉华行 2019 年销售量增长率为 33.33%，这两项数据反映索玛机械和香港嘉华行这两家进口卫星式柔性版印刷机供应商的适时调整策略努力取得的业绩。

四、柔性版印刷机的进出口情况

据来自中国印刷及设备器材工业协会发布的 2019 年国内印刷装备器材进出口贸易年度报告的统计数据，结合该协会 2018 年国内印刷装备器材进出口贸易年度报告的内容，计算出年增长率的数据如下：2019 年各种形式的柔性版印刷机（包括层叠式、机组式和卫星式）共进口 66 台，同比增加 4 台（+6.45%）；进口金额 2752 万美元，同比减少 840 万美元（-23.39%）；平均每台 41.70 万美元，同比减少了 16.23 万美元（-28.02%）；出口的柔性版印刷机有 1377 台，同比增加了 128 台（+10.25%）；出口金额 7318 万美元，同比增加 990 万美元（+15.64%）；平均每台 5.31 万美元，同比增加 0.24 万美元（+4.73%）。

以上数据说明了国产中档以上柔性版印刷机的技术并不能令国内柔性版印刷企业满意，尤其是标签印刷企业，使得进口柔性版印刷机数量略有增加。必须承认，多数国产的柔性版印刷机与进口的柔性版印刷机相比，节省人工的智能化设计、废料损耗、质量稳定性和印刷成品率还存在差距，高档（尤其是机组式）设备的用户还是倾向于进口；2019 年的出口在台数有所增加、创汇收入略有上升的情况下，单台的售价仍然偏低，柔性版印刷机以层叠式为主的特征仍未得到明显改变，机组式和卫星式柔印机的技术能级、操作便利性、产品质量稳定性还有待进一步提高，自主品牌在国际市场上还有很长的路要走。同时，出口的市场还是很大的，但必须注意要避免在国际市场上互相压低价格的恶性竞争出现。

五、结语

进入 2020 年以来，一场突如其来的新冠肺炎疫情对我国人民的生产、生活产生了巨大的影响，特别是 COVID-19 病毒在世界各地的蔓延，带来了更大的不确定性。由于印刷包装业几乎与所有行业直接有关，因此本次疫情是近年来对印刷包装业一次较大的冲击，尤其对产品出口企业压力和影响会更大。这次新冠肺炎疫情对我们来说，是一次危机，也是一次大考。通过“抗疫情、稳经济”，我们可以看到广大人民群众对公共卫生会更加重视，对使用水性油墨、UV 油墨安全可靠的柔性版印刷工艺来生产食品药品包装的需求会加大。

由于抗疫情，再加上超长的假期，使得复工中出现较严重的原材料短缺和工人返程上岗的困难，这同时也给印刷机械制造业提出了加速智能化技术的研发要求，希望能生产出更多的“以信息化带动工业化”两化融合设备，适应印刷包装企业的需要。此外我们还需清醒地认识到，柔性版印刷制版成本偏高，在软包装印刷中网线数偏低、色浓度不够鲜艳一直被同行所诟病，多年来在国内印刷总值的占比还不高。我们必须坚持冷静思考，要坚定信心、保持战略定力，积极作为、化危为机，在绿色环保国策以及中央部委文件的鼓励倡导下，进一步扩大应用柔性版印刷技术的比例，扩大所涉足的印刷包装领域，通过大家的齐心努力，柔性版印刷业必将迎来充满生机的春天。

软包装领域柔性版印刷调查报告

曹前
（上海出版印刷高等专科学校）

软包装指在充填或取出内装物后，容器形状可发生变化的包装。该容器一般用纸、纤维制品、塑料薄膜或复合包装材料等制成。软包装是 20 世纪 70 年代末兴起的包装形式，一经问世就受到业界关注，很快成为包装印刷的主流形式，与其他刚性结构的包装均分天下。虽然我国软包装行业发展速度很快，但 VOCs（挥发性有机物）排放量也触目惊心。据《印刷技术》报道，我国包装印刷业的 VOCs 排放量 100 万～ 200 万吨 / 年，其中软包装行业的 VOCs 排放量占 60% ～ 70%，70 万～ 120 万吨 / 年。可以说，目前我国软包装企业可谓谈“环保”色变，一方面想着如何减少 VOCs 排污费的缴纳，另一方面则想着如何消化环保带来的成本。

在环保压力逐渐加大的情况下，无论是对源头控制还是用末端治理降低 VOCs 排放问题，软包装凹版印刷都面临很大压力和困难，增加了成本，压缩了利润空间。针对软包装凹版印刷面临的困境，目前全行业都在积极探索使用柔性版印刷去解决。柔性版印刷作为一种绿色印刷的方式，适用于瓦楞纸箱、利乐包、软包装、标签、折叠纸盒、纸杯、餐巾纸和扑克牌等各种产品的印刷，并且在许多领域已经占有较高的比例。

为了解柔性版印刷在软包装领域的发展现状、存在问题，以及如何扩大柔性版印刷在软包装领域的市场份额，本报告对软包装印刷企业、制版公司、设备供应商等进行了调研。本报告软包装指使用薄膜材料（含透气膜、共挤膜）、复合薄膜（塑－塑复合）和复合材料（纸、塑料、铝箔等）的软包装。

一、柔性版印刷在软包装领域发展现状

（一）样本企业构成

本次调研印刷企业、制版公司和供应商分别占比58.06%、3.23%和38.71%，其中，印刷企业中柔性版印刷和凹版印刷分别占比38.89%和61.11%，供应商中设备供应商、材料供应商、软件供应商分别占比41.67%、41.67%和16.66%。

（二）软包装企业经营状况

1. 软包装企业的年销售额

软包装企业的年销售额如图1所示，2019年样本企业年销售额在区间8000万到1亿元、5亿元以上、1000万～3000万元占比较高，分别为19.35%、19.35%和12.90%。从中可以看出，企业年销售额5000万～8000万元占比77.41%，1.0亿～1.5亿元占比51.61%，2.0亿～3.0亿元占比35.48%，3.0亿～4.0亿元占比32.25%，4.0亿～5.0亿元占比25.80%，大于5亿元占比19.35%。

2. 软包装企业的盈利情况

软包装企业的盈利情况如图2所示，2019年样本企业利润很好、略有利润以及基本持平分别占比为38.71%、35.48%和12.90%；略有亏损和亏损较大的企业占比分别为9.68%和3.23%。从中可以看出，绝大部分样本企业实现盈利，占比74.19%，基本持平企业占比12.90%，亏损企业占比12.91%。

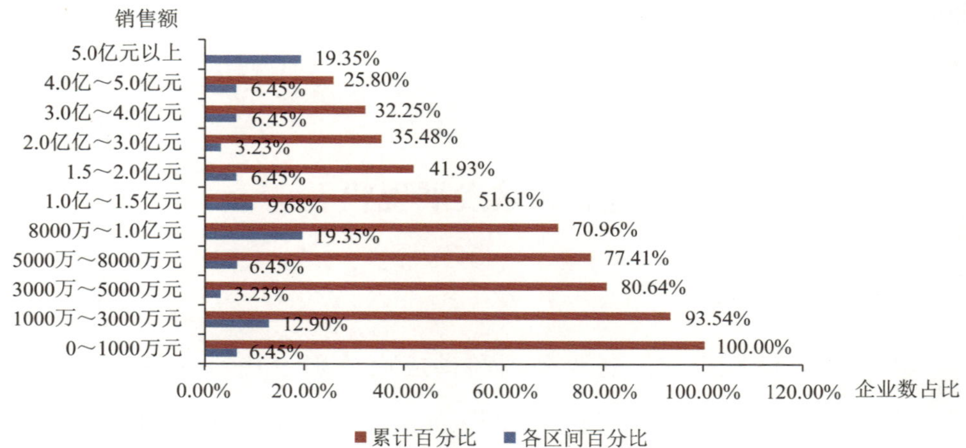

图 1 样本企业的年销售额

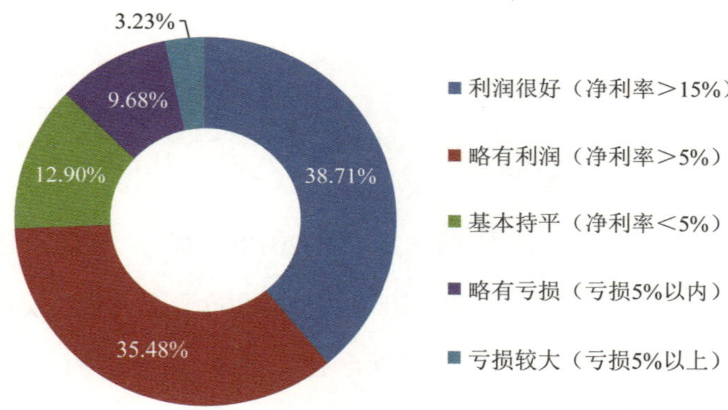

图 2 样本企业的盈利情况

（三）软包装印刷现状

1. 软包装印刷使用承印物类型

软包装印刷使用承印物类型如图 3 所示，调研企业的软包装印刷的承印物按照企业数占比由高到低情况如下：复合材料（纸、塑料、铝箔等）软包装，为 77.78%；复合薄膜（塑－塑复合）为 77.78%，薄膜软包装材料（含透气膜、共挤膜）为 33.33%。可以看出，软包装印刷的承印物主流是复合材料和复合薄膜。

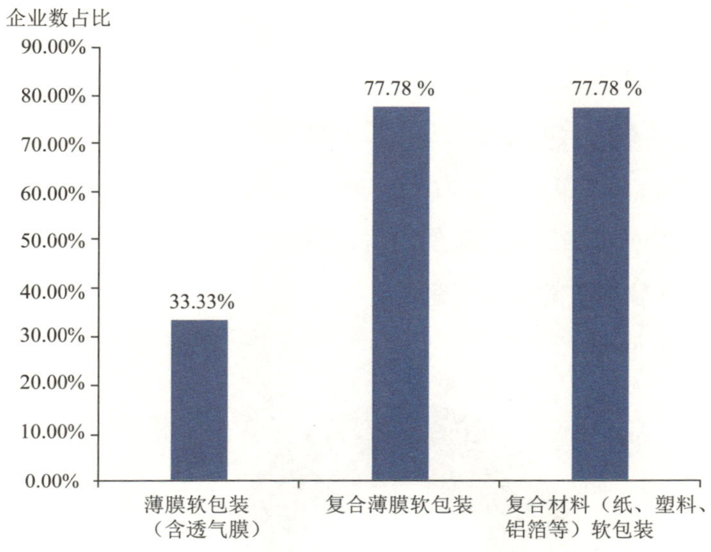

图 3　软包装印刷使用承印物

2. 软包装印刷使用油墨类型

软包装印刷使用油墨类型如图 4 所示，调研企业的软包装印刷使用油墨类型按占比由高到低情况如下：溶剂型油墨使用量最高，为 72%；水性油墨为 18%；UV 油墨为 10%。从中可以看出，虽然目前环保型水性油墨和 UV 油墨占据一定的比例，但是溶剂型油墨还是软包装印刷的主流，造成目前软包装的环保问题还是比较严重的。

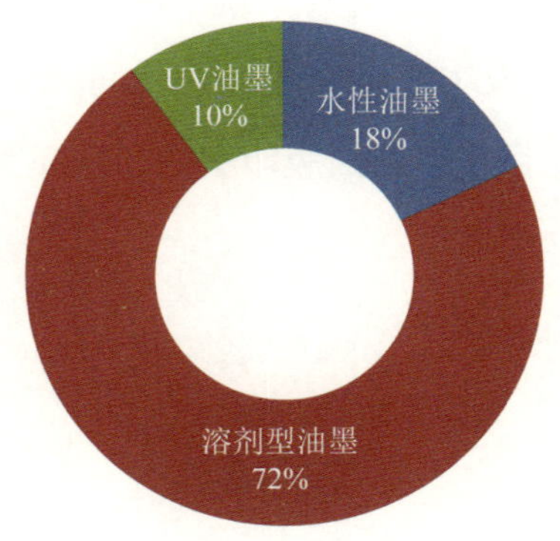

图 4　软包装印刷油墨使用情况

3. 软包装材料复合工艺

软包装材料复合工艺如图 5 所示，调研企业的软包装的复合工艺按照占比由高到低情况如下：干式复合工艺使用量最高，为 55%；无溶剂复合为 27%，挤出复合为 9%，其他复合工艺为 9%。从中可以看出，虽然比较环保的无溶剂复合工艺也占据一定比例，但是使用溶剂型黏合剂的干式复合还是复合工艺的主流，造成了比较严重的环保问题。

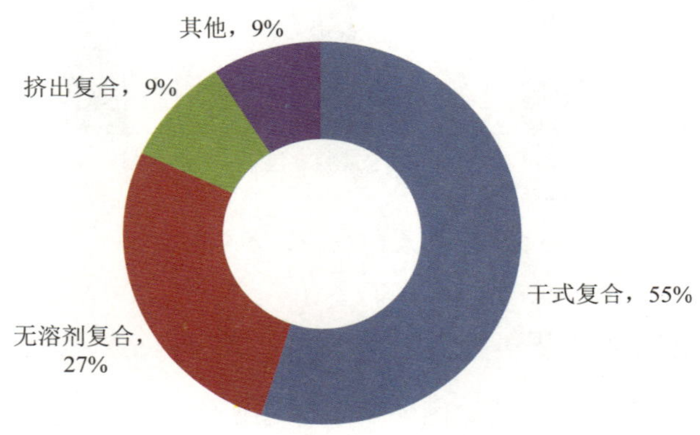

图 5　软包装材料复合工艺

4. 软包装印刷用加网线数

软包装印刷使用加网线数情况如图 6 所示，柔性版印刷在软包装领域常采用的加网线数分别为 120lpi 和 133lpi；凹版印刷在软包装领域常采用的加网线数分别为 150lpi 和 175lpi 及 175lpi 以上。由此可以看出，目前在软包装领域柔性版印刷的印刷质量还很难达到凹版印刷的印刷质量，这也是柔性版印刷在软包装领域占比较低的主要原因之一。

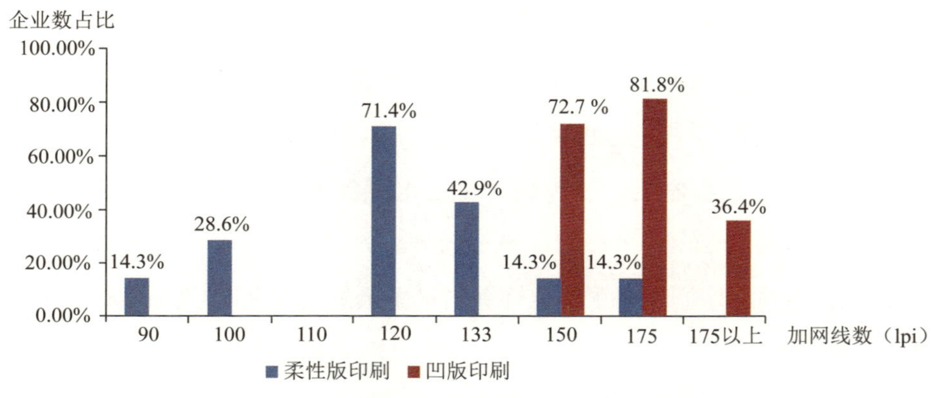

图 6　软包装印刷使用加网线数情况

（四）柔性版印刷在软包装领域现状分析

1. 柔性版印刷在软包装领域占比不高的原因

柔性版印刷在软包装领域占比不高的原因，如图 7 所示，样本企业认为柔性版印刷在软包装领域占比低的前三个原因如下：(1) 软包装领域柔性版印刷质量不如凹印；(2) 软包装领域长版活印刷，柔印成本高于凹印；(3) 对柔性版印刷认知度不够，发展需要时间。当然，也有少部分企业认为柔性版印刷在软包装领域占比不高由历史原因造成。

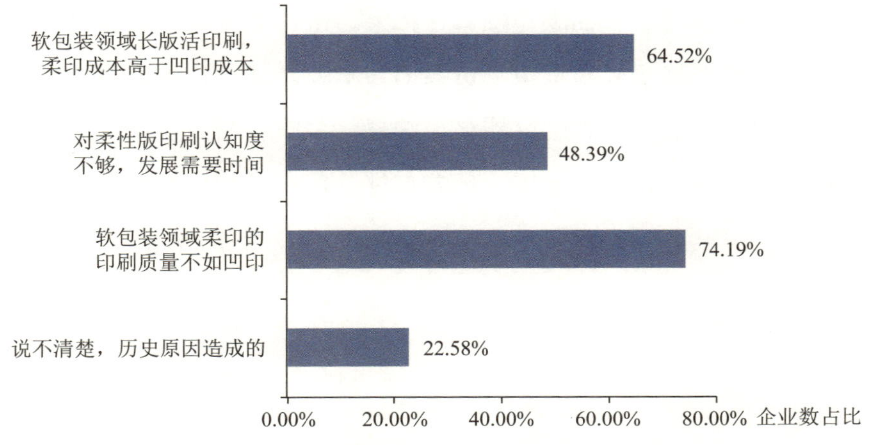

图 7　柔性版印刷在软包装领域占比不高的原因

2. 软包装领域柔印版印刷的机遇

在环保压力逐渐加大的情况下，不论采用源头控制或者末端治理来降低 VOCs 排放问题，软包装凹版印刷都面临很大压力和困难，投入大，运行成本高，环保督察不信任，软包企业自己也感到危机，想要用柔印版印刷来突破。

目前，柔性版印刷迎来了绿色环保国策下最好的发展时期。例如，在 2018 年 10 月 1 日正式实施的国家环境保护标准《环境标志产品技术要求　凹版印刷油墨和柔性版印刷油墨》（HJ371—2018）中，溶剂型油墨不再是环境标志产品，其印刷的产品不被认定为绿色印刷产品，而柔性版印刷水墨和 UV 油墨则符合这项标准。

3. 扩大柔性版印刷在软包装领域市场份额措施

扩大柔性版印刷在软包装领域市场份额措施如图 8 所示，样本企业认为扩大软包装柔性版印刷措施按照调研企业占比由高到低排序分别是：(1) 降低进口优质柔性版印刷机、耗材以及配套件价格；(2) 进口制版设备、版材等的价格降低；(3) 研发符合国家环境标志产品技术要求的高色浓度薄膜水墨；(4) 提高卫星式柔性版印刷工艺技术研究，使其达到或者超过凹版印刷水平。由此可见，进口柔性版印刷机、耗材、柔性制版设备、版材等价格对扩大柔性版印刷在软包装领域市场份额非常重要。另外，国内市场对柔性版印刷技术开发的日益重视和配套器材、油墨、版材、制版等技术的完善，对于促进进口设备和耗材降低价格，扩大柔性版印刷在软包装市场份额也有很大作用。

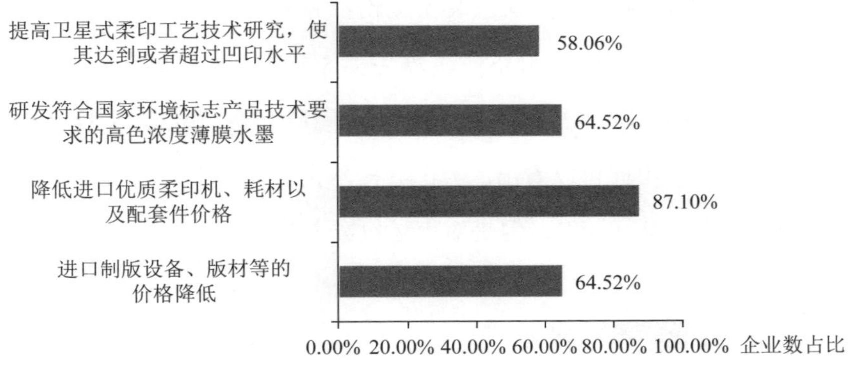

图 8　扩大软包装柔性版印刷措施

二、柔性版印刷在软包装领域发展趋势

1. 近期软包装企业投资动态

如图 9 所示，样本企业计划投资柔性版印刷设备、无溶剂复合机、在线质量检修分别占 68.42%、57.89% 和 31.58%。此外，样本企业对干式复合机、凹版印刷设备、柔性版印刷制版设备等投资意向也非常强烈。柔性版印刷设备和无溶剂复合机的投资愿望强恰恰说明人们看好柔性版印刷在软包装领域的发展前景。

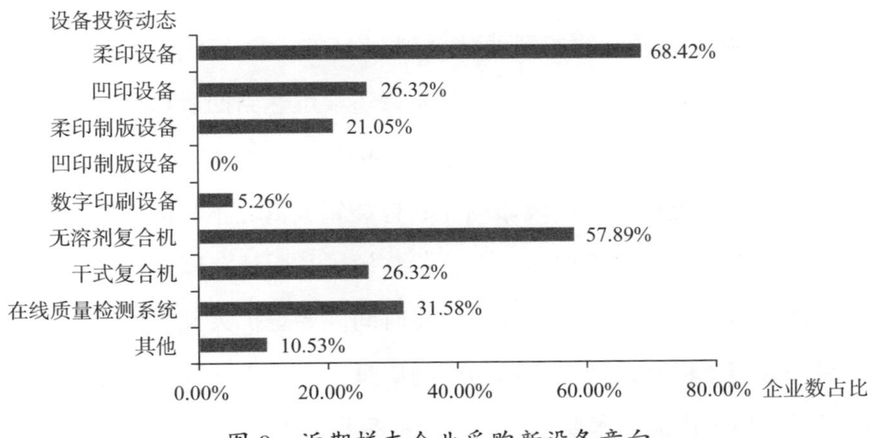

图 9　近期样本企业采购新设备意向

2. 未来 5 年柔性版印刷在软包装市场份额预期

如图 10 所示，54.84% 样本企业认为未来 5 年柔性版印刷在软包装市场份额会达到 20% ～ 30%；19.35% 样本企业认为会达到 10% ～ 20%；少数样本企业认为会达到 50% 以上。由此可以看出，大部分样本企业认为未来 5 年柔性版印刷占软包装市场份额上升没有异议，但是对市场份额上升到什么程度有不同看法。

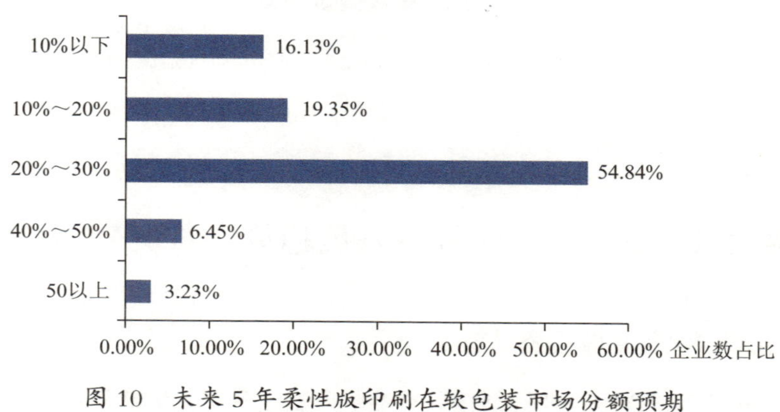

图 10　未来 5 年柔性版印刷在软包装市场份额预期

三、总结

柔性版印刷在软包装领域常采用的加网线数分别为 120lpi 和 133lpi，凹版印刷在软包装领域常采用的加网线数分别为 150lpi 和 175lpi 及 175lpi 以上。目前，在软包装领域柔性版印刷的印刷质量还很难达到凹版印刷的印刷质量，这也是柔性版印刷在软包装领域占比较低的主要原因之一。

根据调研企业反馈，柔性版印刷在软包装领域占比不高的主要原因是：软包装领域柔印的印刷质量不如凹印；软包装领域长版活印刷，柔印成本高于凹印；对柔性版印刷认知度不够，发展需要时间。要想扩大柔性版印刷在软包装市场份额，就需要提升柔性版印刷的印刷质量、推进柔性版印刷标准化、研发符合国家环境标志产品技术要求的高色浓度薄膜水墨等。

根据调研企业反馈，大部分样本企业认为未来 5 年柔性版印刷占软包装市场份额上升没有异议，但是对市场份额上升到什么程度有不同看法。大部分企业看好软包装柔性版印刷主要由以下几个因素决定的。

（1）目前中国柔性版印刷技术迎来了绿色环保国策下最好的发展时期。例如，在 2018 年 10 月 1 日正式实施的国家环境保护标准《环境标志产品技术要求　凹版印刷油墨和柔性版印刷油墨》（HJ371—2018）中，溶剂型油墨不再是环境标志产品，其印刷的产品不被认定为绿色印刷产品，而柔性版印刷水墨和 UV 油墨则符合这项标准。

（2）柔性版制版工艺创新、无轴伺服传动技术的发展、激光雕刻陶瓷网纹辊技术越来越成熟等，柔性版印刷的优势将发挥得更加明显。另外，随着国内市场对柔性版印刷技术开发的日益重视和配套器材、油墨、版材、制版等技术的完善，柔性版印刷在软包装领域的市场份额也越来越高。

（3）品牌商引领和示范作用。宝洁、金佰利、百事、花王、雀巢等公司都成为采用柔印包装的领跑者和践行者，这些客户分布在日化、食品等领域，也是各个行业的佼佼者。消费者没有出现异常的抱怨，包装标准化进程也得到了快速推进。

第二部分
相关政策与标准解读

本部分聚焦目前柔性版印刷行业企业所关注的环保政策和国家标准，特别是印刷包装行业普遍关注的VOCs排放政策与标准，以及印刷油墨相关标准等。在《2019中国柔性版印刷发展报告》中编制了历年来与柔性版印刷有关的绿色印刷相关政策、法规和标准的索引。在本部分中继续编制2019年起发布或实施的相关环保类标准索引，并对部分政策和标准进行解读。

其中《包装印刷行业VOCs新政策分析》针对2019年6月生态环境部发布的《重点行业挥发性有机物综合治理方案》进行分析，并对包装印刷行业的VOCs减排效果不够明显的问题提出具体解决方案。《GB 38507—2020标准中柔性版印刷油墨VOCs含量限值的研读》针对2020年3月发布的国家强制性标准《油墨中可挥发性有机化合物（VOCs）含量的限值》（GB 38507—2020）中柔性版印刷油墨的VOCs含量限制进行研读，对于相关企业根据自身经营特点制定应对思路和解决方案具有重要的价值。柔性版印刷油墨的色度和透明度特性决定着产品印刷质量的优劣，《柔性版印刷油墨颜色和透明度标准解读》为柔性版印刷的油墨生产和分色提供了十分有益的参考。

受限于编者水平和本书篇幅要求，对相关法律法规、政策以及标准解读可能存在遗漏或缺失和不到位，敬请批评指正。

2019 年起发布或实施的相关环保类标准索引

1．GB 37822—2019《挥发性有机物无组织排放控制标准》，生态环境部和国家市场监督管理总局，2019 年 7 月 1 日实施，生态环境部公告 2019 年第 18 号；

2．GB 37824—2019《涂料、油墨及胶黏剂工业大气污染物排放标准》，生态环境部和国家市场监督管理总局，2019 年 7 月 1 日实施，生态环境部公告 2019 年第 18 号；

3．HJ 1013—2018《固定污染源废气非甲烷总烃连续监测系统技术要求及检测方法》，生态环境部，2019 年 7 月 1 日实施，生态环境部公告 2018 年第 75 号；

4．HJ 1011—2018《环境空气和废气　挥发性有机物组分便携式傅里叶红外监测仪技术要求及检测方法》，生态环境部，2019 年 7 月 1 日实施，生态环境部公告 2018 年第 75 号；

5．HJ 1012—2018《环境空气和废气　总烃、甲烷和非甲烷总烃便携式监测仪技术要求及检测方法》，生态环境部，2019 年 7 月 1 日实施，生态环境部公告 2018 年第 75 号；

6．HJ 1013—2018《固定污染源废气非甲烷总烃连续监测系统技术要求及检测方法》，生态环境部，2019 年 7 月 1 日实施，生态环境部公告 2018 年第 75 号；

7．HJ 1033—2019《排污许可证申请与核发技术规范　工业固体废物和危险废物治理》，生态环境部，2019 年 8 月 13 日发布并实施；

8．HJ 1066—2019《排污许可证申请与核发技术规范　印刷工业》，生态环境部，2019 年 12 月 10 日发布并实施；

9．HJ 1087—2020《排污单位自行监测技术指南　涂料油墨制造》，生态环境部，2020 年 1 月 6 日发布，2020 年 4 月 1 日起实施；

10．HJ 1089—2020《印刷工业污染防治可行技术指南》，生态环境部，2020 年 1 月 8 日发布并实施；

11．GB 38507—2020《油墨中可挥发性有机化合物（VOCs）含量的限值》，国家市场监督管理总局、国家标准化管理委员会，2020 年 3 月 4 日发布，2021 年 4 月 1 日起实施；

12．GB 38508—2020《清洗剂挥发性有机化合物含量限值》，国家市场监督管理总局、国家标准化管理委员会，2020 年 3 月 4 日发布，2020 年 12 月 1 日起实施。

包装印刷行业 VOCs 新政策分析

冯晶
（中日友好环境保护中心）

2019 年 6 月，生态环境部发布了《重点行业挥发性有机物综合治理方案》，指出“VOCs 污染排放对大气环境影响突出”，并提出通过“大力推进源头替代、全面加强无组织排放控制、推进建设适宜高效的治污设施、深入实施精细化管控”等方式方法，选定石化、化工、工业涂装、包装印刷、油品储运销、工业园区、产业集群七大重点行业和京津冀及周边、长三角和汾渭平原三大重点区域，力争实现：到 2020 年，建立健全 VOCs 污染防治管理体系，重点区域、重点行业 VOCs 治理取得明显成效，完成“十三五”规划确定的 VOCs 排放量下降 10% 的目标任务。该方案的出台，进一步收紧了包装印刷行业的 VOCs 排放监管，或将对该行业带来进一步的冲击。

早在 2010 年前后，特别是《大气污染防治行动计划》（国发〔2013〕37 号）发布之后，包装印刷就已列入 VOCs 污染排放重点行业之一，被推上风口浪尖。经过多年努力，整个包装印刷行业的 VOCs 减排取得了一些成效，但并不彻底。其主要原因总结起来可包括以下几个方面：（1）包装印刷中 VOCs 排放的重灾区为凹版印刷，而之前推进绿色印刷力度较大、颇有成效的是平版印刷，虽然覆盖面较大，但减排效果并不显著；（2）针对凹版印刷 VOCs 减排，推行的主要措施为末端治理，其他方面措施考虑较少；（3）印刷时排放的 VOCs 主要源自油墨及其配套稀释剂的使用，但针对油墨产品的 VOCs 含量标准不完善。本文对新发布的《重点行业挥发性有机物综合治理方案》进行分析，或可得出以上问题的解决方案，并尝试提出包装印刷企业的应对思路。

分析一：如何大力推进源头替代？

《重点行业挥发性有机物综合治理方案》的最大亮点，莫过于“大力推进源头替代”一条。该条显著列在“控制思路”第一条，其内容包括鼓励使用低VOCs含量的油墨、胶黏剂、清洗剂等，从源头上减少VOCs产生。要求“包装印刷行业要加大源头替代力度”“在技术成熟的行业，推广使用低VOCs含量油墨和胶黏剂”“鼓励加快低VOCs含量涂料、油墨、胶黏剂等研发和生产”，这些源头替代思路并不是第一次提出，但在以往的实施过程中，对于什么样的油墨、胶黏剂、清洗剂属于“低VOCs含量”颇感困惑，因此带来了企业选择产品时无从参考、政府实施监管时无法判定的尴尬。而在本次“大力推进源头替代”的实施思路中，附加了一段“加强政策引导。企业采用符合国家有关低VOCs含量产品规定的涂料、油墨、胶黏剂等，排放浓度稳定达标且排放速率、排放绩效等满足相关规定的，相应生产工序可不要求建设末端治理设施。企业使用的原辅材料VOCs含量（质量比）低于10%的工序，可不要求采取无组织排放收集措施”，由此可以清晰地看出，“低VOCs含量”已经被清楚地划分为“VOCs含量（质量比）低于10%”的线内，这一划定对于实施及监管有着极为重要的意义。

与此相关的是，2019年5月24日发布、7月1日正式实施的《挥发性有机物无组织排放控制标准》（GB 37822—2019）中定义“VOCs物料是指VOCs质量占比大于等于10%的物料，以及有机聚合物材料”，并规定“VOCs质量占比大于等于10%的含VOCs产品，其使用过程应采用密闭设备或在密闭空间内操作，废气应排至VOCs废气收集处理系统；无法密闭的，应采取局部气体收集措施，废气应排至VOCs废气收集处理系统”，而这些要求并不对VOCs含量小于10%的产品适用。该标准与《重点行业挥发性有机物综合治理方案》

相互支持，彻底将 VOCs 含量低于 10% 的物料及相关工艺排除在重点监管范围之外了。也就是说，按照新要求，大部分的胶印油墨和柔印油墨在使用时可不集中收集废气，无须建设末端治理设施，这对于优先选用了源头替代方案的企业无疑是一个巨大的利好消息。

分析二：对于未进行源头替代的“VOCs 物料”，如何进行排放控制？

《重点行业挥发性有机物综合治理方案》中的四条控制思路与要求，除去上文中已说过的“大力推进源头替代”，中间两条“全面加强无组织排放控制、推进建设适宜高效的治污设施”均针对未进行源头替代或无法进行源头替代，仍在使用“VOCs 物料”的企业。（说到这里，使用的所有物料 VOCs 均小于 10% 的印刷企业可以直接跳过本段内容了。）这三条简单说来就是：密闭管理、收集废气、高效治理。密闭管理和收集废气理解起来较为容易，但如何做到高效治理？该治理方案中提到了一些方式方法：“企业新建治污设施或对现有治污设施实施改造，应依据排放废气的浓度、组分、风量、温度、湿度、压力，以及生产工况等，合理选择治理技术。鼓励企业采用多种技术的组合工艺，提高 VOCs 治理效率。低浓度、大风量废气，宜采用沸石转轮吸附、活性炭吸附、减风增浓等浓缩技术，提高 VOCs 浓度后净化处理；高浓度废气，优先进行溶剂回收，难以回收的，宜采用高温焚烧、催化燃烧等技术。油气（溶剂）回收宜采用冷凝＋吸附、吸附＋吸收、膜分离＋吸附等技术。低温等离子、光催化、光氧化技术主要适用于恶臭异味等治理；生物法主要适用于低浓度 VOCs 废气治理和恶臭异味治理。非水溶性的 VOCs 废气禁止采用水或水溶液喷淋吸收处理。采用一次性活性炭吸附技术的，应定期更换活性炭，废旧活性炭应再生或处理处置。有条件的工业园区和产业集群等，推广集中喷涂、溶剂集中回收、活性炭集中再生等，加强资源共享，提高 VOCs 治理效率”，并实行“重点排放源排放浓度与去除效率双重控制”等。但是，相信很多人看完之后，依然不清楚哪一个或者哪些组合技术适用于自己，因此还有配套的技术指南正在制定中。目前正在生态环境部网站上公示的《印刷工业污染防治可行技术指南（征求意见稿）》或是专门为解决“高效治理”的问题而来。该标准中虽也提出了源头替代内容，但相信如何解决“高效治理”，才是该标准最为核心的内容，也对于涉 VOCs 企业有着至关重要的参考价值。

分析三：如何避免执行过程“一刀切”问题?

《重点行业挥发性有机物综合治理方案》中的第四条控制思路与要求是“深入实施精细化管控”。精细化管控首次明确了全国重点控制的 VOCs 物质，并要求各地区结合行业分布和区域特点确定当地的重点。推行“一厂一策”制度。除了监管之外，也加入了帮扶的内容：“各地应加强对企业帮扶指导，对本地污染物排放量较大的企业，组织专家提供专业化技术支持，严格把关，指导企业编制切实可行的污染治理方案，明确原辅材料替代、工艺改进、无组织排放管控、废气收集、治污设施建设等全过程减排要求，测算投资成本和减排效益，为企业有效开展 VOCs 综合治理提供技术服务。”据了解，目前江苏地区正在陆续开展 VOCs 专项执法检查行动，各市已按照最新要求，分别制定行动方案开展行动。

分析四：本次推行力度较以往有何不同?

《重点行业挥发性有机物综合治理方案》中专门列出了“实施与保障”部分，其中又包括了加强组织领导、完善标准体系、加强监测监控、强化监督执法、全面实施排污许可、实施差异化管理六个方面。这部分内容较以往发布的文件更为细致，安装在线监测设施的要求让企业更有紧迫性，赏优罚恶的内容让企业更有积极性。

基于以上分析，可以大致看出在《重点行业挥发性有机物综合治理方案》发布后，影响包装印刷行业 VOCs 减排效果的主要三点因素已有望改善：（1）治理方案主要针对使用含 VOCs 物料的企业，已无形中将治理重心移至凹版印刷；（2）充分考虑了源头替代方案，并在强化监督问责的同时，明确指出应有合理的优惠政策，使其推广更具有生命力；（3）油墨中 VOCs 含量标准正在逐步完善，《油墨中可挥发性有机化合物（VOCs）含量的限值》计划在 2019 年年底发布，一些地区已发布包装印刷行业大气污染物排放标准，国家标准也正在制定中，要求 2020 年 6 月前完成。

编者认为，在新政策的调整及收紧下，平版印刷企业受到近几年来绿色印刷政策的影响较大，已经历了一段时间的整理，状况趋于平稳；凹版印刷企业受到新政策的影响最大，或将进入新一轮的洗牌；柔性版印刷和数字印刷企业在政策利好的状态下，将会有一个较为明显的增长。那么，现有的包装印刷企业应如何应对呢?

首先，估算原辅材料中 VOCs 的含量，摸清自身定位。包装印刷企业应摸清自己所用的材料中，哪些是“VOCs 物料”。前文已经论述过，目前需要管控的“VOCs 物料”是指 VOCs 质量占比大于等于 10% 的含 VOCs 产品。因此企业应了解所有原辅材料中的 VOCs 含量是多少，收集相关产品中关于含量占比的检测报告及证明材料，验证是否有 VOCs 含量大于等于 10% 的物料。如果没有，那么只要没有新的政策出台，环保方面就不用做太多考虑。当然，《重点行业挥发性有机物综合治理方案》中还有一句“鼓励地方制定更加严格的地方排放标准”，因此不排除地方上有加严管理的新要求需要注意。

其次，明确发展方向，寻求合适的源头替代或末端治理方案。如果企业所用原辅材料中存在 VOCs 含量大于等于 10% 的物料（VOCs 物料），可优先考虑该 VOCs 物料是否有替代方案。如果确实无法替代，应按照《挥发性有机物无组织排放控制标准》（GB 37822—2019）中“7.2 含 VOCs 产品的使用过程”和“7.3 其他要求”储存、使用 VOCs 物料，收集废气，参考即将发布的《印刷工业污染防治可行技术指南》，选择合适的废气治理方法。

再次，精细化管理，做好过程控制和自查自纠。面对更加严格的监管，选择源头替代方案的企业应加大原材料的管理力度，尤其是 VOCs 含量接近 10%

的原料，应采取更为谨慎的方式验证每批次原料的 VOCs 含量，必要时送第三方检测，确保含量可控，降低印刷企业风险；选择收集废气进行末端治理的企业，如未强制加装在线监控装置，也应注意收集治理设备的运行管理记录，做到有据可查。

最后，开展 VOCs 削减效果自评估，支持政府减排绩效争取补贴奖励。无论是采用源头替代还是末端治理方案，每家企业都可计算出一个 VOCs 的减排量。采用源头替代的企业可根据替代前后 VOCs 含量的差值及单位产品平均物料消耗量计算，采用末端治理的企业可通过治理设备的 VOCs 去除率计算。减排数据可支持政府工作报告，奖励政策由各地方政府分别制定。

（原载于 2019 年 10 月《印刷杂志・中国柔印增刊》）

GB 38507—2020 标准中柔性版印刷油墨 VOCs 含量限值的研读

肖颖
（上海出版印刷高等专科学校）

2020 年 3 月 4 日，国家市场监督管理总局、国家标准化管理委员会发布公告，《油墨中可挥发性有机化合物（VOCs）含量的限值》（GB 38507—2020）强制标准正式颁布，并将于 2021 年 4 月 1 日起施行。为了解并掌握 GB 38507—2020 标准中柔性版印刷油墨 VOCs 含量限值的确定依据、检测方法及其他相关内容，笔者认真研读《辐射固化涂料中挥发性有机物（VOC）含量的测定》（GB/T 34675—2017）、《包装材料用油墨限制使用物质》（GB/T 36421—2018）、《油墨中可挥发性有机化合物（VOCs）含量的测定方法》（GB/T 38608—2020）及相关资料，认为新编国家标准 GB 38507—2020 充分体现了科学发展观和与时俱进的科学精神，检测对象明确，即出厂状态的油墨，也就是对油墨生产企业生产的各类油墨在出厂状态时进行可挥发性有机化合物（VOCs）含量管控，可更好地控制后续生产过程中印刷品的环保质量。

为提高柔性版印刷的环保要求，笔者就学习 GB 38507—2020 标准的体会，以及标准中对柔性版印刷油墨 VOCs 含量的基本要求进行简要介绍。

一、标准制定的背景和主要内容

为治理环境污染，我国在2016年发布《“十三五”节能减排综合工作方案》，明确规定要推进工业污染物减排。方案中将以削减挥发性有机物、持久性有机物、重金属等污染物为重点，实施重点行业、重点领域工业特征污染物削减计划。全面实施燃煤电厂超低排放和节能改造，加快燃煤锅炉综合整治，大力推进石化、化工、印刷、工业涂装、电子信息等行业挥发性有机物综合治理。全面推进现有企业达标排放，研究修订农药、制药、汽车、家具、印刷、集装箱制造等行业排放标准，出台涂料、油墨、胶黏剂、清洗剂等有机溶剂产品挥发性有机物含量限值强制性环保标准，控制集装箱、汽车、船舶制造等重点行业挥发性有机物排放，推动有关企业实施原料替代和清洁生产技术改造。

2018年，国家又出台《打赢蓝天保卫战三年行动计划》，明确目标：经过3年努力，大幅减少主要大气污染物排放总量，协同减少温室气体排放，进一步明显降低细颗粒物（PM2.5）浓度，明显减少重污染天数，明显改善环境空气质量，明显增强人民的蓝天幸福感。到2020年，二氧化硫、氮氧化物排放总量分别比2015年下降15%以上；PM2.5未达标地级及以上城市浓度比2015年下降18%以上，地级及以上城市空气质量优良天数比率达到80%，重度及以上污染天数比率比2015年下降25%以上。为此，从中央到地方各级政府对各行各业提出了更加严格且具有针对性的管控法规及措施，而印刷业的VOCs排放也属于管控项目之一，其中油墨和胶黏剂等印刷易耗品成为管控源头的关键工作。因此，2020年国家市场监督管理总局、国家标准化管理委员会发布了《油墨中可挥发性有机化合物（VOCs）含量的限值》（GB 38507—2020）。

GB 38507—2020 标准属于强制性标准。标准适用于出厂状态的各种油墨，包括：不同干燥方式的胶印油墨、凹印油墨、柔印油墨、丝印油墨和喷墨印刷油墨。标准规定了这些油墨在出厂状态时可挥发性有机化合物（VOCs）含量的限值，同时规定需按GB/T 38608—2020规定的方法进行检查VOCs含量。

按本标准检验合格的油墨产品可在包装标记上除标明油墨类别外，可明示本油墨为符合低挥发性有机化合物含量的油墨产品。

在本标准中明确挥发性有机化合物是指在 101.3 kPa 标准压力下，任何初沸点低于等于 250℃的有机化合物。同时明确列出油墨生产过程中的禁用溶剂清单：卤代烃和表 1 中所列的 17 类溶剂。

表 1　油墨中不应人为添加的溶剂一览表

物质名称	CAS 号	对应 GB/T 36421—2018 序号
卤代烃	/	/
乙苯	100-41-4	62
环氧丙烷	75-56-9	72
苯乙烯	100-42-5	79
苯	71-43-2	84
亚硝酸异丙酯	541-42-4	121
亚硝酸丁酯	544-16-1	122
乙二醇单乙醚	110-80-5	510
乙二醇乙醚乙酸酯	111-15-9	511
乙二醇单甲醚	109-86-4	512
乙二醇甲醚乙酸酯	110-49-6	513
2- 硝基丙烷	79-46-9	529
N- 甲基 -2- 吡咯烷酮	872-50-4	542
三甘醇二甲醚	112-49-2	637
乙二醇二甲醚	110-71-4	638
乙二醇二乙醚	629-14-1	659
甲苯	108-88-3	/
二甲苯	1330-20-7	/

值得注意的是，以甲苯、二甲苯为溶剂的油墨，至今为止仍然在一些外包材印刷上使用。随着 GB 38507—2020 标准的强制执行，这些油墨必然会被要求强制淘汰。因此，还在使用此类油墨的印刷企业，从现在开始就需要着手寻找替代产品了。

另外在印刷实际生产中，印刷企业可能会根据实际情况用各类添加剂、稀释剂等对油墨进行调配，以满足上机性能的需求；根据产品实际需求使用上光油、底涂等材料，这些均未被该标准涵盖。

从图 1 可知，GB 38507—2020 标准还根据不同种类的油墨的不同特点给出了不同的限值，从中可以发现溶剂型油墨的 VOCs 含量，是显著高于其他类型的。因此，在某些地方标准中，把符合本标准的非溶剂型油墨称为低 VOCs 油墨，享受一定的政策倾斜。

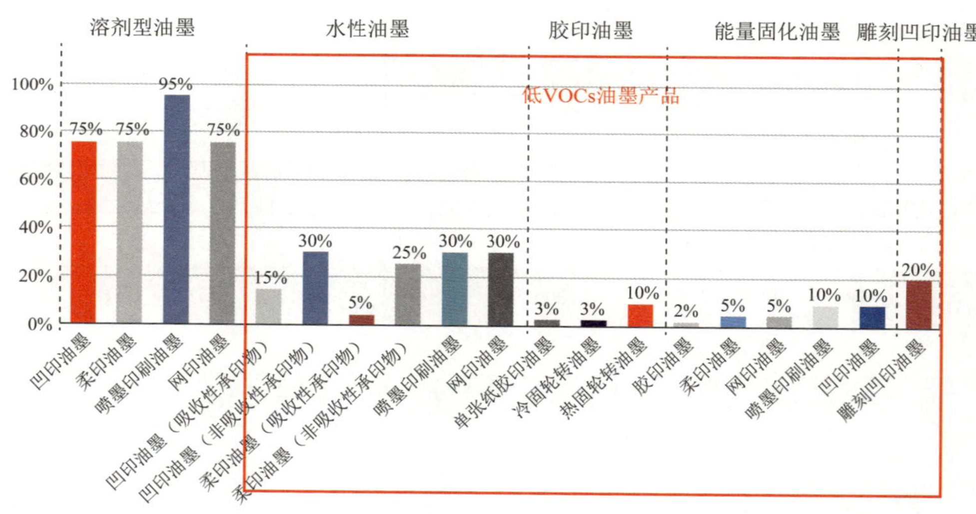

图 1　各类油墨中可挥发有机化合物含量的限值

二、GB 38507—2020 标准中柔性版印刷油墨 VOCs 含量限值的理解

在 GB 38507—2020 标准对挥发性有机化合物 VOCs 给出明确定义，因

此企业可使用初沸点大于 250℃且不在禁用清单中的溶剂生产柔性版印刷油墨。

表 2 为 GB 38507—2020 标准中对各类柔性版印刷油墨中可挥发性有机化合物（VOCs）含量的限值。

表 2　GB 38507—2020 标准柔性版印刷油墨中 VOCs 含量的限值

油墨品种	VOCs 限值
水性油墨（吸收性基材）	≤ 5%
水性油墨（非吸收性基材）	≤ 25%
溶剂型油墨	≤ 75%
能量固化油墨	≤ 5%

按照油墨的化学组成，柔性版印刷油墨主要分为水性、溶剂型和能量固化型三种。其中水性油墨以水为稀释剂，辅以少量溶剂（用于调整 pH 及印刷适性等），它在控制 VOCs 含量限值上具有先天优势。目前所有应用于纸张等吸收性基材的水性油墨都可以满足标准中规定≤5% 的要求；仅有应用于薄膜软包装等非吸收性基材的水性油墨（市场用量很少）考虑到干燥速度、润湿能力、物化耐性等方面的要求，尚不具备低溶剂的条件，因此针对非吸收性基材的水性油墨，标准规定了其 VOCs 含量≤25%。

溶剂型柔性版印刷油墨的稀释剂以醇类、酯类等可挥发性溶剂为主，VOCs 含量很高，可以说是软包装印刷中 VOCs 的主要来源。在标准中规定≤75% 的限量要求，主要是考虑到溶剂型柔性版油墨生产技术成熟、应用领域广泛、经济性较高，目前又没有合适的其他印刷油墨可以全面取代。但伴随着溶剂回收处理技术的不断提高，能一定程度上缓解软包装印刷企业的 VOCs 管控难度。

能量固化型柔性版印刷油墨是以活性单体为稀释剂，绝大部分单体的沸点都在 250℃以上，因此 VOCs 含量很低。考虑活性单体反应过程可能含有少量低沸点溶剂残留，以及印刷过程的紫外光固化反应可能生成极少量溶剂，标准中对 VOCs 限量也规定为≤5%。

在柔性版印刷过程中，对各类油墨在上机时调节印刷适性所使用的添加剂、稀释剂以及印刷光油的标准未做限值规定，笔者认为主要是考虑到这些添加剂并不是在所有场景中都要添加，而且添加量较少，比如水墨中的 pH 稳定剂，主要用于调整水墨 pH 值和印刷适性，添加量一般控制在 1% 以内。而印刷光油的主要作用是提供印品外观精美度和物理化学耐性，其化学成分和油墨类似，建议印刷厂参考同类型油墨限值做 VOCs 内部管控。

同样对于柔性版印刷油墨而言，企业在生产过程中不得人为添加卤代烃，这是依据欧洲印刷油墨及相关产品排除清单；油墨产品中禁用甲苯、二甲苯是依据发改委《产业结构调整指导目录（2011 年版）2013 年修改》中第三类淘汰类（十二）轻工第 7 项含苯类溶剂型油墨生产，其余附表二中所列禁用溶剂依据 GB/T 36421—2018《包装材料用油墨限制使用物质》，这个标准中的限制使用物质来源于《高毒物品名录》（2003 版）、《化学品的注册、评估、授权和限制》（REACH 法规：高关注物质）、《中国严格限制进出口的有毒化学品目录》第一类物质、危险化学品目录、《印刷油墨相关的自立法规》(NL 法规)。

《油墨中可挥发性有机化合物（VOCs）含量的限值》（GB 38507—2020）的制定和正式实施，为我国柔性版印刷油墨生产企业的标准化生产指明方向，为实现各类印刷方式的绿色化奠定基础。

在此，谨向起草制定 GB 38507—2020 标准的所有单位、专家和相关工作人员表示衷心的感谢。

柔性版印刷油墨颜色和透明度标准解读

孔玲君
（上海出版印刷高等专科学校）

2019 年 12 月 31 日，国家市场监督管理总局、国家标准化管理委员会发布 2019 年第 19 号公告，《印刷技术　四色印刷油墨颜色和透明度　第 5 部分：柔性版印刷》（GB/T 30329.5—2019）正式颁布，并将于 2020 年 7 月 1 日起施行。

一、标准制定相关背景

GB/T 30329.5—2019 标准属于推荐性国家标准，于 2014 年 1 月 24 日由国家标准化管理委员会正式批准立项。厦门合兴包装印刷股份有限公司、上海印刷技术研究所、杭华油墨股份有限公司、国家纸制品质量监督检验中心、上海英耀激光数字制版有限公司、上海紫泉标签有限公司、山东德创精化科技有限公司、陕西新世纪印刷材料有限公司、上海烟草包装印刷有限公司、广东英科集团股份有限公司、上海出版印刷高等专科学校、中国印刷技术协会柔性版印刷分会等单位参与了该标准的起草工作。

标准化的油墨能够使柔性版印刷在同样的印刷条件下获得近似的颜色效果。制定 GB/T 30329.5—2019 标准的目的是定义柔性版印刷标准四色油墨的色度和透明度的特性，为柔性版油墨生产和印刷分色提供依据。根据我国的具体情况，GB/T 30329.5—2019 标准的内容及方法应符合我国油墨颜色特性。

同时，为支持绿色印刷的发展，GB/T 30329.5—2019 标准在起草制定过程中同时兼顾了水性油墨和溶剂油墨的技术数据。

相较于胶印油墨，柔性版印刷油墨的可变性大，涉及版材、网纹辊、胶带、承印材料、测试仪器等各个方面，可变因素很多，不确定性较大，采用何种具体的制样方法是制定 GB/T 30329.5—2019 标准的关键，而相关的 ISO 2846-5：2005 国际标准中没有规定具体的制样方法。作为一项基础性标准，GB/T 30329.5—2019 标准内容的确定需要采集大量的原始数据作为制定依据。因此，在标准制定所经历的五年多时间里，标准起草组开展了一系列的工作，包括试验、对比和验证。

GB/T 30329.5—2019 标准通过对我国柔性版印刷市场上常用纸张和四色柔性版印刷油墨实际采样，并根据国际标准的实验方法进行检测与数据采集，比较有代表性地确定了我国市场上四色柔性版印刷油墨的基本颜色和透明度数据。

二、标准的适用范围

GB/T 30329.5—2019 标准规定了用于四色柔性版印刷的一组原色油墨（包含添加剂）应满足的颜色及透明度特性，同时规定了规范性的测试方法。

为了避免限制不同颜料优化组合的发展，GB/T 30329.5—2019 标准并没有指定颜料（或光谱特性），但须达到该标准指定的色度要求。GB/T 30329.5—2019 标准适用于采用溶剂油墨、水性油墨的柔性版印刷。

三、标准的关键点

1. 油墨的色度值要求

按照该标准规定的方法制备得到测试样张，油墨的颜色应满足表 1 中规定的数值及允许范围，其中黑色的 L* 只有上限值。测试条件为 0°/45° 或 45°/0° 几何条件，D50 光源和 2° 视场。

表 1　色度值要求

类别		CIELAB 值			允许范围			
油墨种类	色别	L^*	a^*	b^*	ΔE_{ab}^*	Δa^*	Δb^*	L^*
溶剂油墨	黄	88	−5	95	6	/	/	/
	品红	50	70	−2	7	/	/	/
	青	57	−35	−47	4	/	/	/
	黑	21	1	2	/	±1.5	±2.0	21.0
水性油墨	黄	89	−4	104	3	/	/	/
	品红	52	71	−4	5	/	/	/
	青	55	−33	−50	3	/	/	/
	黑	16	1	1	/	±1.5	±2.0	16.0

2. 油墨的透明度特性

按照该标准规定的原理和测试方法进行测试，油墨透明度 T 值应大于表 2 中规定的数值。

表 2　透明度要求

油墨种类	色别	透明度 T[a]
溶剂油墨	黄	6
	品红	18
	青	15
水性油墨	黄	5
	品红	6
	青	9

a. 对于高透明度的油墨，其回归直线的斜率可能是 0 或负数，也认为透明度 T 值符合规范。

3. 油墨色度值的测试方法

通过将四色油墨中各色含不同百分比冲淡剂的上机油墨印刷在该标准规定的基准承印物上，然后测量所得到的测试样张的色度值，并计算出测试样张与表 1 中目标值之间的色差。通过比较该色差值与表 1 中的色差（ΔE_{ab}^*）值，来判断被测试油墨是否符合标准要求。如果至少有一个样本的色差小于表 1 中的色差（ΔE_{ab}^*）值，则该油墨达标。

4. 油墨透明度值 T 的测试方法

将配以不同比例冲淡剂的上机油墨印刷或涂布在黑色承印物上，然后测量每一个叠印色样本的色度值，并计算该色度值与未经印刷的黑色承印物之间的色差（ΔE_{ab}^*）值。按照上机油墨调配冲淡剂的比例绘制其对应印制样张上所测得的 ΔE_{ab}^* 值的数据点，计算得到它们的线性回归系数（回归直线的斜率）。如果回归系数的倒数大于表 2 中指定的值或为负数，则油墨满足该标准对透明度的要求。

5. 用于色度评估的印样制备方法

首先使用冲淡剂制备出含 50%、60%、70%、80%、90% 和 100% 上机油墨的样墨，并使用添加剂稀释到印刷所要求的黏度。然后，用印刷适性仪等将样品墨以均匀的厚度涂布到标准所规定的基准承印物上，得到各测试样本。需要注意的是，涂布所得到的测试样本的墨层厚度应接近实际印刷的范围，且所有样本的墨层厚度应大致相同。

6. 用于评估透明度的印样制备方法

按不同比例冲淡的被测试油墨印刷在黑色承印物上，作为透明度评估所需要的测试印样。标准要求黑色承印物的 L^* 值应小于 6。

7. 基准承印物要求

标准在附录 A 中给出了对基准承印物的要求，即使用有光型涂布纸，包括不干胶纸。同时，对承印物的色度值、定量和光泽度做了明确规定。承印物的

CIELAB 色度值应满足以下条件。

（1）L^*=93.4±2，a^*=0.9±1.0，b^*=-1.5±1.5。

（2）定量应大于 150 g/m^2。

（3）光泽度为（68 ～ 78）GU。

四、关键技术指标的由来

1. 用于印样制备的基准承印物

在 GB/T 30329.5—2019 标准中，规范了评估油墨的色度和透明度的印样时应使用的基准承印物，即标准中的规范性附录 A 的内容（如上文所述）。这些技术指标是基于大量的试验与数据分析确定的。在标准制定过程中，起草组依据我国国情在国内市场上搜集了四色柔性版印刷常用的 5 大类 13 种纸样，委托国家纸制品质量监督检验中心进行相应的技术参数测试。在获得了足够量的实测数据后，利用数理统计的原理，筛选出了用于本标准测试用基准承印物的技术指标。

2. 油墨的色度和透明度标准数据

GB/T 30329.5—2019 标准中油墨色度和透明度的标准数据（见表 1 和表 2）是在一系列试验、讨论分析、数据筛选、统计分析的基础上获得的。

（1）标准数据的来源。

为适合我国印刷行业的实际需要，起草组向我国柔性版印刷市场的主要油墨生产商发出征集信息，请各油墨生产商提供色相最接近 ISO 2846-5 国际标准的四色溶剂型油墨或色相接近 GB/T 30329.1 国家标准的四色水性油墨，以及配套的冲淡剂。将收集到的 5 种溶剂油墨和 5 种水性油墨样品在前期试验研究确定的基准承印物和测试条件下进行试印，然后进行相应的油墨颜色和透明度参数测试、分析和研究，确定 GB/T 30329.5—2019 标准中四色柔性版印刷油墨颜色和透明度的标准数据和允许范围。

（2）标准数据的确定。

采用数据筛选的方法，去掉偏离值大（最大值／最小值）的油墨数据，计算其余数据的算术平均值。经过 1 ～ 2 轮的筛选和计算，确定了每种颜色各项指标的中心值，并参照 ISO 2846-5 标准给出了允许范围。

五、标准颁布实施的意义

GB/T 30329.5—2019 标准的制定及发布实施，为我国柔性版印刷油墨领域打下了良好的基础，有助于推动柔性版印刷油墨制造业和印刷业的标准化生产，降低行业的生产成本，提升经济效益。同时，将极大地影响我国印刷油墨生产的格局，特别是为目前绿色材料的水性油墨提供了更大的发展空间。

在此，谨向起草制定 GB/T 30329.5—2019 标准的所有单位、专家和相关工作人员表示衷心的感谢。

第三部分
行业技术发展篇

本部分聚焦目前柔性版印刷行业、企业技术发展关注的热点，汇编收录了过去一年来行业杂志中关于柔性印版加网和广色域技术、色彩管理与标准化、设备控制和网纹辊应用、专色真网点打样和油墨产品生命周期评价等方面的技术文章，供读者学习交流。

在印前制版、分色和打样方面，重点推荐了Bellissima数字加网技术、专色真网点数码打样技术，以及广色域技术在软包装印刷领域的应用等，同时对色彩质量控制方面重点推荐了色彩管理和标准化研究的文章，这些文章为企业提高印前技术和色彩管理提供了新的方法和思路。

同时，近年来卫星式柔性版印刷设备广受关注，如何提升印刷单元的控制能力是设备生产商和印刷企业关注的核心问题。此外，生命周期评价法（LCA）是评价绿色产品的方法，如何实施柔性版印刷油墨产品的生命周期评价能够让油墨生产商开发更加环保绿色的油墨，促使印刷企业生产更加环保的产品，也是目前的热点话题。

受限于编者水平和本书篇幅要求，本部分仅汇编收录了7篇相关技术文章，仅代表作者的一些观点和体会，未能将柔性版印刷行业的最新发展和关注热点一一涵盖，还请读者见谅。

Bellissima 柔性版加网技术的分析与研究

蔡成基

国内柔印界最近在测试一项印版网点新技术，即来自英国 Hamillroad 公司的 Bellissima DMS 技术。这是一项为柔印量身定制的数字化调节网点的新颖加网技术。

中国印协柔印分会 2019 年大会在西安召开之际，笔者曾在西安航天华阳 20 周年厂庆的设备演示现场仔细观看了应用该制版技术的印刷样张，印象很深刻。使用卫星式柔印机印刷薄膜，套准精度高是其主要特点，但印刷过程的中间调扩张使相邻网点易搭接而形成堵版故障，一直是该类机型不敢使用高线数印版的软肋。然而，采用 Bellissima 技术的华阳印张在图像层次展现方面有了突飞猛进的进步，层次细腻质感强，一扫柔印技术往日的劣势，把薄膜柔印的印刷质量明显提升了一个档次。因此，探究 Bellissima 技术的特点，试着掌握其规律并应用到柔印市场上，这个课题值得关注。

一、Bellissima 技术的特点

Bellissima 技术是一项印前加网技术，用特殊的网点生成方法来替代业界已经用了几十年的传统加网方法。印前加网技术也称挂网或铺网，早期在用照相机制版时在镜头前挂一个网屏，将照相得到的连续图像经网屏处理成断续图像，俗称网目调（Halftone）。这种技术在传统模拟电子计算机控制的印前分

色工艺中应用很多，数控桌面系统兴起后逐渐退出历史舞台。但随后所使用的圆网、方网、菱形网点、方圆网点、链形网点乃至线条网点，在加网的基本理论与实践上都来自于早期的照相机网屏加网。Bellissima 技术本质上也是一种用计算机算法对网点进行数字分析与调制的加网技术，从这个意义上说，并没有什么神秘。

Bellissima 技术不同于传统网点，比如胶印的方网和方圆网、凹印的菱形网、柔印的圆网、方圆网和链形网。这些用网点面积大小来体现图像颜色深浅的调幅网点有一个固有缺陷，即网角的铺排有可能在叠色时引起撞网，即摩尔干涉。由网点构成图像的摩尔干涉会产生网花，从目前的技术来看，玫瑰花瓣是现在最漂亮的网花，但对图像层次的细腻度起到负面作用。因此，严格限定各色网点角度的相邻相差值，使网花小些、尽可能漂亮些，不至于干扰印刷图像的完美再现，是各种传统印刷方式在印前分色工序中的首要任务。

网花的大小与印版线数的高低有直接关系。印版线数越低，网花越大，图像粗犷有余而细腻不足；印版线数越高，网花越小，图像细腻且层次均匀。印版线数高低受制于最小网点直径大小，业界常说的 175lpi 是印刷产业上下产业链乃至消费者的审美所能接受的。该网线数的最小网点直径在 13 ～ 15μm，这同目前国内外的柔印制版水平也是吻合的。

Bellissima 分色时的网点构成方面有其特殊性，具有 8 种网型（4 种标准型和 4 种扩展型，见图 1），选择空间比较大。而且 8 种网型完全兼容和可互换，这意味着呈现在分色印版上的各色网点很可能是随机的。计算机算法的目标是避免各色网点在叠色时产生摩尔干涉即网花，将传统印刷的调幅网点在叠色时有可能造成的撞网故障事先消灭在分色加网阶段，使印刷还原更逼真。

Bellissima 技术也不同于网点直径大小相同但网点疏密不同引起颜色深浅不同的调频网技术。调频网技术当年对传统调幅网的挑战也是振聋发聩的，因为调频网没有网花，随机生成的网点不会形成摩尔干涉，叠色时十分细腻。调频网推向市场已有 30 多年的时间了，经当年克里奥公司两次调频技术的改善，最小网点技术有了明显提高，渐变到零的技术日臻完美。胶印与数字印刷的调频网技术，已经很难在细节上再提出责难。柔印的调频技术因受制于柔性版的最小网点，进步慢些，高光渐变到零的技术至今还有瑕疵，肉眼还能看到好似小网点漏印造成的星星点点。柔印很少使用纯粹的调频网，大多使用在调幅网高光区域的混合网，即在传统柔性版圆网或方圆网的基础上，对高光区域 5% 或 3% 以下网点采用调频网结构，以掩盖因最小网点直径大小不易掌控而造成渐变到零形成的硬口故障。

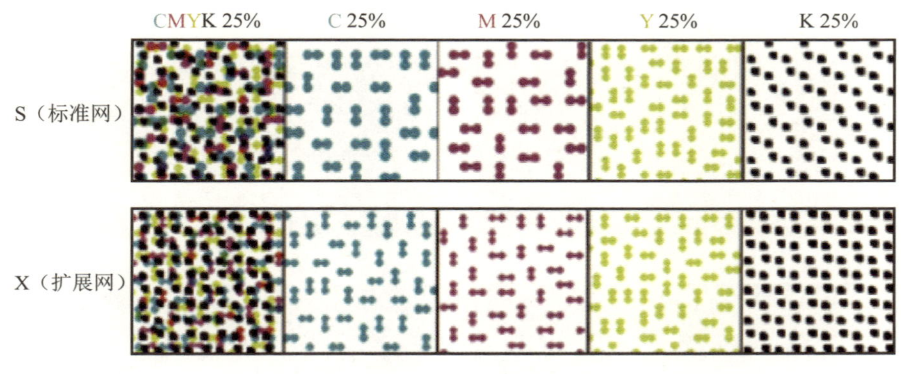

图 1　Bellissima 技术各网型

具有不会产生撞网故障、没有摩尔干涉缺陷劣势的调频网技术，从印刷图像层次细腻这方面来说是成功的。但是，调频网推向市场至今，尤其是克里奥两次推出调频技术至今，调频网未能撼动传统调幅网的主流地位，一定存在着业内人士虽知之不多但比较致命的缺陷。比如，胶印调频技术一般都只用于图书行业，不刻意要求再版印刷时颜色偏离的画报杂志之类的一次性印刷。胶印的包装印刷很少采用调频网，究其原因，包装印刷强调色差稳定，而调频网的还原特性很难控制，不同批次的同色色差很难稳定，这个缺陷是致命的。

在薄膜等非吸收性材料上的试印刷，电子束（EB）干燥胶印有不少还会采用调频网。因为 EB 油墨没有表面挥发功能，各色组间的湿叠湿印刷必然会产生前后色沾染，互相干扰，调幅网的质量瑕疵将十分明显。但若采用调频网，无论干色相叠或湿色相叠，都挤在一块，难以分辨。但是，只要追究同批次同色的色差控制或不同批次同色的色差控制，找到故障的根源并不困难。

Bellissima 技术既不是传统调幅网，也不是调频网。它既具有调幅网各层次阶调清晰的特点，层次分得开，均匀，不挤在一块；同时，它也具有调频网没有网花、不会撞网从而使图像叠色时十分细腻的特点。根据印刷样张提供的各层次测试条，可以看到该技术的一些显著特点。

（1）高光区域具有调频网的特点，网点直径大小相同，分布疏密不同，因而颜色密度不同，见图 2。高光区域的这一特点通过相邻阶调的比较，很容易看出来。

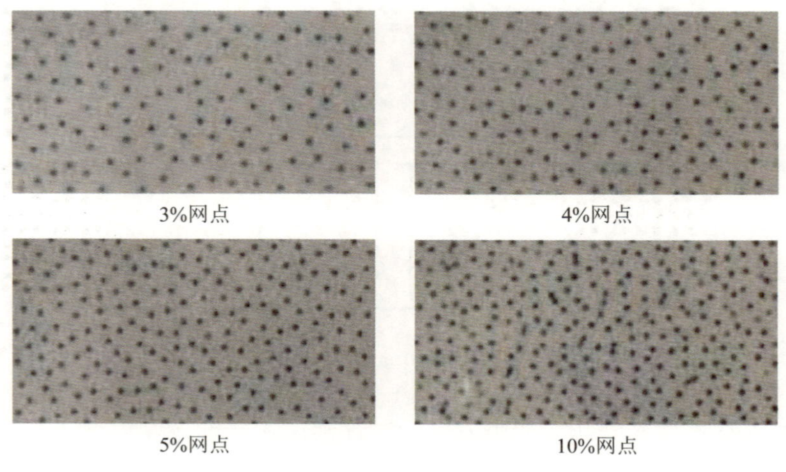

图 2　Bellissima 技术制作的高光网点

（2）中间调区域的网点直径大小有变化，网点分布疏密也有变化，见图 3。阶调层次越高，网点面积越大，或者说构成网点的点或线越粗。因为是按照实际印刷样放大后观察网点结构变化的，因此也不排除因印刷样的精度问题将两个相邻网点连成曲线的可能。

（3）暗调区域同调幅网很相似，越接近实地区域，反白越小，说明颜色密度越高。反白点的分布疏密也有明显变化，颜色密度较高的地方，分布较疏，反之则较密，见图 4。

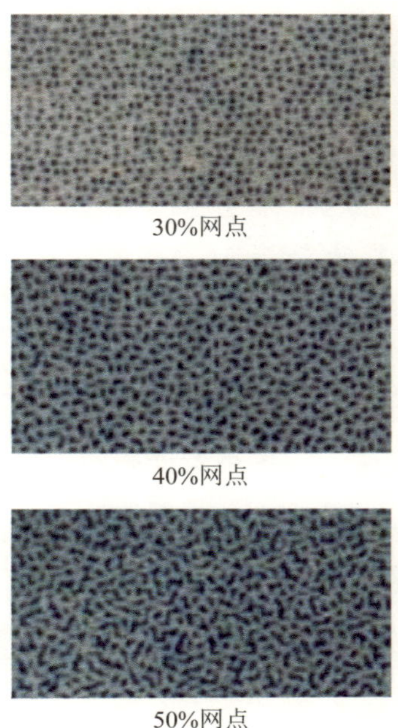

图 3　Bellissima 技术制作的中间调网点

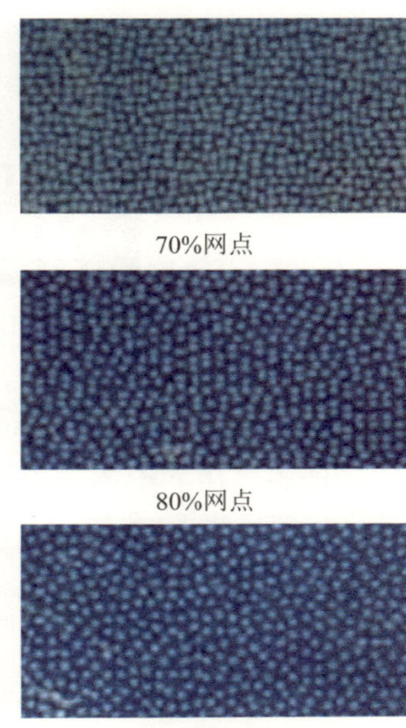

图 4　Bellissima 技术制作的暗调网点

（4）从印刷图样上较难区分层次的临界点，见图 5。若将图 3 与图 4 中的 50% 与 70% 网点放在一起比较，可以看到网点与反白已经变化，但明确的临界点很难区分。

（5）Bellissima 技术具有同传统调幅网点相同的实地，即 100% 的网点。实际印刷样张图片放大后的效果并不理想。据说制版商在实地区域采用了 P+ 技术的实地加网，因此放大的实地图片中可以看到隐隐约约的调幅网结构，见图 6。这并非 Bellissima 技术的本意，这个缺陷是可以避免的。

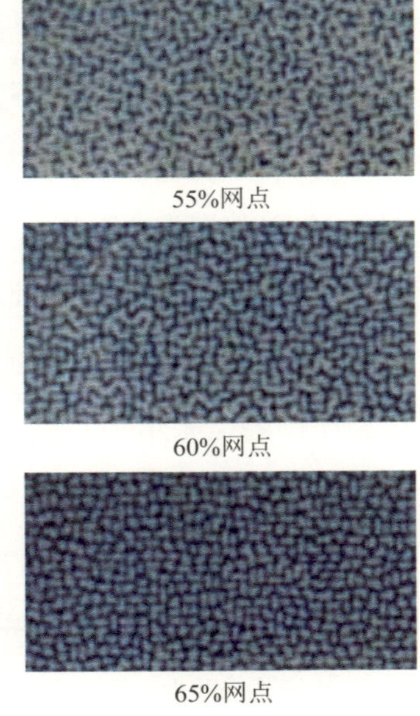

图 5　Bellissima 技术制作的临界网点

图 6　Bellissima 技术制作的 100% 实地

Bellissima 加网不属于传统柔印网点技术，因此不能用传统的测试方法来测定因柔性版受压产生弹性形变而造成的网点增大。传统柔性版网点增大是计算网点变形后周长的增大率，Bellissima 加网同调频网一样，无法计算网点周长增大率，因此用分光密度仪测定网点面积的增大从而得出网点的扩张，这一传统测量方法对它很可能无效。柔印网点扩张造成的颜色密度变化，是柔印工艺的基本特性，若没有这个特性，柔印就不再是柔印。

因此，避开网点面积的测量，用色度测量来建立 Bellissima 柔印网点的扩张曲线，很可能是一个可行的办法。这并非柔印界的首创，胶印同行在无法精确控制水墨平衡误差而无法掌握胶印色差时，摒弃了原先的网点扩张曲线测量方法，用色度的概念来控制印刷过程中的色差变化。国外的 G7 与国内的 C9 色彩管理系统，基本上走的就是这条路。

用分光密度仪测试 Bellissima 梯尺各阶调的颜色密度，并同传统柔印梯尺的密度测量值比较，如图 7。比较这两条曲线，会发现相差并不多。Bellissima 梯尺是在卫星式柔印机上印刷的，采用溶剂型油墨；传统柔印梯尺是在机组式柔印机上印刷的，采用 UV 油墨。贴版都采用中密度双面胶，印刷压力的缓冲相差并不多。

建立上述曲线的基本数据见表 1 和表 2。由此可以推断：Bellissima 网点还原曲线是可靠的，这同调频网的还原不稳定是完全不同的。Bellissima 网点技术既可以像调频网一样达到叠色时没有摩尔干涉，又可以避免调频网在不同批次印刷时的色差控制问题。这项分色加网技术在柔印上可行，据悉国外在胶印上也有应用。如果这项技术在数字印刷上也能取得突破，数字印刷的质量很可能会有一个飞跃。

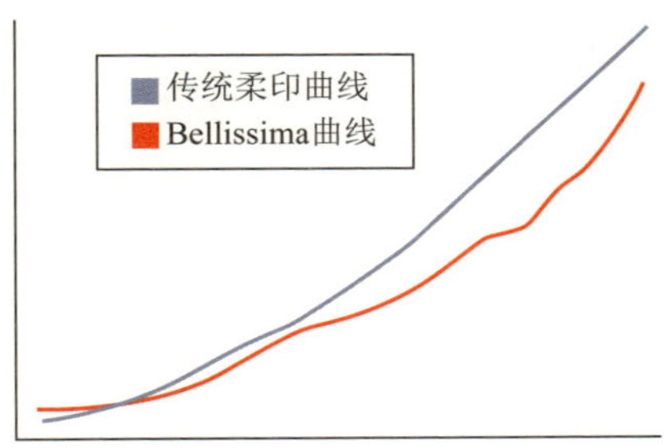

图 7　Bellissima 加网与传统柔印加网的梯尺颜色密度曲线比较

表 1　传统柔印圆网梯尺密度值

梯尺	1%	5%	10%	20%	30%	40%	50%	60%	70%	80%	90%	100%
密度	0.1	0.12	0.22	0.32	0.43	0.54	0.68	0.88	1.08	1.28	1.44	1.59

表 2　Bellissima 加网梯尺密度值

梯尺	3%	5%	10%	20%	30%	40%	50%	60%	70%	80%	90%	100%
密度	0.14	0.16	0.2	0.29	0.4	0.49	0.55	0.65	0.79	0.96	1.07	1.39

二、Bellissima 技术能解决什么需求

关注 Bellissima 技术，除了关注其优势以外，还应关注几个市场上的热点需求。

(1) 帮助卫星式柔印机解决中间调扩张的固有弊病。卫星式柔印机在印刷薄膜时套印精度很高，控制模式也简单，在高速印刷时特别适合薄而易拉伸的承印材料。这在讲究包装薄膜轻量化、降低成本、注重包装可持续发展的当下尤其受到了大众青睐。但是这种机型有一个通病，即印刷过程中的中间调扩张，相邻网点因扩张而搭接，形成堵版。用停机擦版来解决此印刷故障承印材料的消耗很大，制造成本会因此而增加。国内柔印界近几年一直在解决此问题，采取从卫星式机型的改善到印刷操作时设定条件的改善，甚至从印版与油墨的界面配合方面的改善，以及用 CCD 相机监控印刷网点扩张变化，负反馈调节印刷单元的相对位置等种种方法，这些方法有赖于印刷企业与印刷机制造企业深厚的技术底蕴。一般印刷企业除了采用降低印版线数、降低印刷品层次分辨力的代价来减少堵版之外，要解决这一问题，真没有什么好办法。然而 Bellissima 技术在中间调的特点，可以有效避免传统网点的搭接。进入中间调区域后，Bellissima 的变形由点进展到线，线径也由细变粗。这个特点同传统圆网的搭接很相似，正好起到有效掩盖的作用。比较图 1 所示的标准型与扩展型网点的差别，采用合适的网型，就可以遮掩传统圆网搭接所造成的醒目瑕疵。

其实，柔印的水晶网点也想用其随机的网点外缘曲线来消除这一故障。但水晶网本质上属于传统网点，测量网点增大需要计算外缘曲线周长的增大量，水晶网的周长明显大于圆网周长，这意味着网点增大量更大些，在制定网点还原曲线时比传统圆网也更加困难。

链型网点也能解决此问题。链型网点的两次搭接点在 30% 和 70% 左右，在这两个区域能掩盖柔印堵版，降低故障发生概率。若堵版严重，链型网点“治标不治本”，没法起到更大的作用。

Bellissima 加网是一种“治标”的方法，尤其对一些技术基础较薄弱的企业见效比较快，也不需要技术上的长期积累。用换一种印版的办法来快速解决堵版，属“短平快”措施。

（2）近几年环保风暴对印刷界的冲击很大。纸张水墨柔印因采用低溶剂含量的水墨，印刷过程中也无须添加溶剂（包括价格比较低廉的酒精），印刷机速度最高可达 500 ～ 600m/min，产能高而且对环境友好。但是，包括使用溶剂型油墨的柔印薄膜印刷等柔印各细分领域，环保督察强制要求废气有组织排放。印刷成本越来越高，印刷操作工也逐渐了解油墨与溶剂对自己健康的影响，成本高而利润日益降低，整个产业有可能萎缩。

标签领域近几年流行薄膜收缩套标从凹印溶剂墨工艺改变为柔印 UV 墨工艺，从原本的金属墨印刷到冷烫箔转印，产品价格上升十分可观，利润空间也大幅提升。究其原因，即使凹印采用价格很高的超亮银墨印刷，金属颗粒的氧化也必然使光泽度下降，而冷烫膜却完全不会因氧化而降低亮度。虽然冷烫工艺价格会高一些，但是金属色的质量提升非常明显。只要物有所值，用户就愿意出这个钱。

这个案例说明，只要企业确实提升了用户需求的产品质量，用户是愿意埋单的。数字印刷的计价方式也是这个道理，印一张抽成多少，这种明显不合理的计价方式都可以生存，说明市场是接受这种涨价理由的。因此在满足用户需求的条件下提高产品的利润空间，这条路是可以走下去的。Bellissima 技术的无网花、无撞网，使印刷品层次展现更细腻、更均匀的优点是消费者通过比较可以自行得出的。因此，作为提升产品价格和企业利润空间的一项工具，其作用是明显的。

（3）Bellissima 技术属于传统印刷的改良，在当前数字印刷技术力压传统印刷的背景下，Bellissima 技术可以成为同数字印刷质量比拼的一款利器。

数字印刷不用印版直接喷印的模式，对提高印刷自动化、达到少人化乃至无人化是非常诱人的。但是，数字印刷目前还有两大痛点。一是喷头技术基本集中在日本，喷头若不能国产化，数字印刷的成本不会明显下降，利润不可能增大；二是印刷质量，目前采用静电成像或墨水喷印模式的印刷质量与传统印刷相比还有差距。采用电子油墨的 Indigo 数字印刷模拟传统调幅网点的印刷，同胶印网点相比差距已不明显，但同凹印网点相比缺陷是很大的。

采用调频网的数字印刷能否冲出调频网重复印刷时色彩稳定性差的困境，目前还很难下结论。但它必然会掉进摩尔干涉的陷阱，网花同样存在。Bellissima 技术是能与数字印刷质量相抗衡的利器，而且是目前为数不多的利器之一。

柔印采用水墨印刷同数字印刷在环保方面比拼，在生态环境部〔2019〕53 号文件下达后，原先的优势已不是太大，因此质量比拼是传统印刷必须要坚持的。在这方面 Bellissima 技术很可能是一个很好的助手。

三、用好 Bellissima 技术需要什么条件

据了解，使用 Bellissima 技术的门槛很高，一要同国外的连通型网纹辊 GTT2.0 捆绑；二要采用 4000 dpi 的印版黑膜雕刻精度；三要对所使用的版材认证，即使是现在国际上规模很大的柔性版供应商目前也只有 3 个型号的版材可以使用。

其实需要什么样的门槛，除了资本的诉求外，从技术层面上来讲必须要把原因说清楚。加网技术同网纹辊技术的匹配，无非是印版网线角度与网纹辊网线角度是否冲突，是否会因摩尔干涉引起所谓的龟纹。传统柔印制版推荐采用 37.5° 系列的网角，本就是要避开传统蜂窝状网纹辊的 60° 网角。把原因说清楚，对推广这项新技术有利。

4000 dpi 估计同最小网点有关。因为 Bellissima 网点在高光区域类似调频网点，所以会因最小网点精度的需求而大幅度提升激光雕刻黑膜设备的精度，设备价格会很高。其实设备能用就好，不必太过奢侈，其中的关键是要习惯于计算，即最精细网点与适配 dpi 的计算。

印刷过程的压力调节对最小网点的生成影响更大。图 8 与图 9 都是高光渐变到零的局部细节，这是图片的最高光处，需要网点渐变到零而没有硬口。制作这两张图片用同一台放大镜，放大倍率相同，在同一调节范围下截图。图 8 采用卫星式机型印刷，图 9 采用机组式机型印刷，都是国产设备。Bellissima 印版由同一家供应商供货，但渐变到零的效果相差明显，即最小网点的直径差别很大。

据考察，印刷图 9 使用的设备能有效控制齿轮节圆，而且由于配置了 CCD 相机控制自动压力调节并反馈，最小网点的精度明显更好。这说明要把 Bellissima 印版用好、把最小网点印好，设备因素不可不考虑。

至于同版材的匹配，需要强调的是印版最小网点的制作。仅提供有限的几种版材会限制新技术的推广。不管溶剂洗版、水洗版或者热敏版洗版，为了把

网点着墨与不着墨的边缘洗干净，尤其是不着墨的印版凹陷区洗平滑，柔性版制作近些年来积累的经验仍然必需。

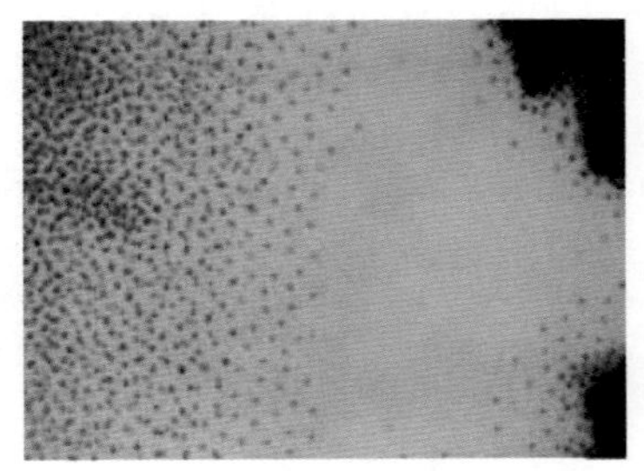
图 8　白色鹭鸶翅膀局部

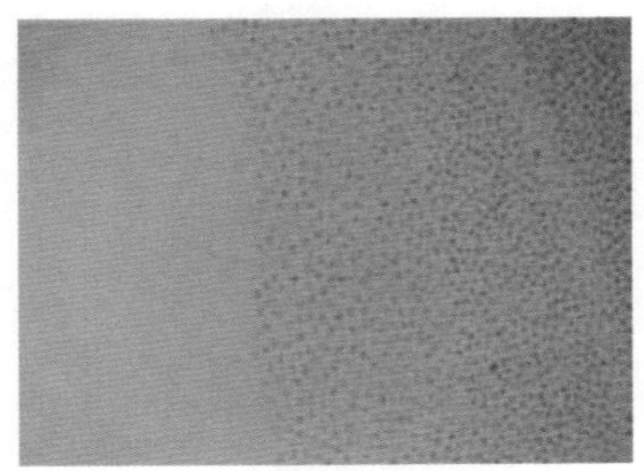
图 9　汽车前盖局部

虽然由于黑膜雕刻时的网点直径比较大，但利用洗版液对版材的溶解作用可以得到实际直径比黑膜雕刻直径更小些的网点。HD 柔印技术仍然是必需的，这有助于得到更可靠的最小网点。

柔印制版的反向还原曲线可以帮助控制高光网点的精度，达到精确的印刷网点大小。传统柔性版制作经验仍然是必需的，印版制作前的印刷基础测试也是必需的。只有掌握了印版的特定扩张曲线，才能制定科学而可靠的还原曲线。

至于其他还需要什么条件，仁者见仁、智者见智。笔者认为局限还是少一点为好。

四、Bellissima 市场推广过程中的软肋

一项好技术在推广过程中叫好不叫座，显然存在软肋。

据介绍，Bellissima 技术在国外的推广是从标签行业着手的。国内也从标签入手，再发扬光大到包装，不是顺理成章吗？国内不干胶标签技术的技术水准现在已基本达到使用 175　lpi 印版、UV 或 LED　UV 油墨，最小网点控制精度约 175　lpi 的 2%，高端企业甚至达到 1%。高光区域的渐变到零已经可以达到采用调幅网而没有明显硬口，最不济采用混合网技术也能应付。许多标签柔

印机已配置了节圆控制技术，产品质量十分稳定。在这样高基准的条件下，将Bellissima技术同传统柔印比较，优势就显得不那么突出了。毕竟175 lpi摩尔干涉的缺陷是大多数消费者能容忍的，但同网纹辊的捆绑会引起成本增加，这个账不用细算都可以估计到。

因此，直接从包装入手推广Bellissima技术，针对包装行业在环保压力下的求新、求变需求，针对卫星式柔印机印薄膜容易引起中间调扩张而堵版，因而不得不降低印版线数、压缩层次造成摩尔干涉更清晰的缺陷，宣扬Bellissima技术层次展现更细腻的特点，应该相对容易些。锲入市场可从薄膜包装的凹转柔方面入手，这个市场热点是不应该被忽略的。

环保风暴对国内印刷业的冲击，凹印首当其冲。几年来，凹印VOCs对环境与对操作人员的影响已越来越为大众所诟病。“源头削减、过程控制、末端处理”十二字方针，凹印行业偏好末端处理的倾向其实害了自己，各地环保督察对末端处理的效果始终心存疑虑。换位思考一下，如果末端处理的废气浓度测量方法至今还未能统一，废气测量仪器的精度还无法像度量衡仪器一样获得官方的定期检查，仅靠处理设备供应商提供的检测方案与数据是很难取得督察与被督察双方共识的。因此凹印需要从源头控制VOCs，换用水墨很可能是不二选择。

凹印水墨应用从2007年开始就走上一条极有风险的道路。在凹印水墨中添加酒精帮助干燥这个实施了10多年的办法，被北京化工大学的教授揭示存在水墨破乳的风险，而且超量的酒精添加又使自己走上了溶剂挥发的老路。在保持原有产能或将产能进一步提升的要求下，用柔印代替凹印来生产符合国家环保要求的软包装产品顺理成章。

Bellissima技术在这一市场背景下是大有可为的。在印品的层次表现力方面，采用Bellissima技术甚至超过凹印175 lpi及以上线数印版的印刷质量。如果采用符合国家环境标志产品要求的水墨，废气可以直排，产能可以更高。没有无组织排放的忧虑，没有一线操作人员对自身健康的担心，不用增加废气处理的成本，再加上因产能提升得到的收益，并有效减少卫星式柔印因堵版而造成的原材料损耗，Bellissima 技术的优势很明显。

当然，从图 7 两条颜色密度曲线来看，Bellissima 技术采用溶剂型油墨的颜色密度不如传统柔印加网采用 UV 墨工艺。因为溶剂型柔印油墨的颜料比例一般在 20%，而 UV 墨的颜料含量则在 25%。目前，从标签行业凹转柔（即薄膜收缩套标产品的凹转柔）取得的经验来看，柔印油墨的颜料比例必须不低于 25%，才能达到凹印溶剂墨工艺的颜色密度。虽然凹印油墨的颜料比例只有 8% ～ 12%，但相对较厚的墨膜保证了凹印墨色的饱和度。墨膜较薄的柔印墨膜，虽然干燥性能比凹印好许多，但颜色饱和度明显不够。因此，提升油墨中的颜料比例、提高油墨色浓度将是唯一选择，而采用水性乳液结构的水墨将担当起这一大任。

Bellissima 技术必须要同水墨技术相联系，才能顺利攻克亟待变革的软包装市场。国内外以前在胶转柔方面的水墨应用实践比较多，比如利乐包用水墨柔印工艺取代 UV 墨胶印工艺。胶印油墨的颜料比例不高，一般在 13% ～ 14%，柔印即使采用小墨量高线数的网纹辊，25% 左右的颜料比例也足够了。但凹转柔则要同凹印墨膜比较色饱和度，这比胶转柔要困难得多。何况在薄膜印刷上使用水墨，国外成功的经验也不多，需要中国柔印人自己来摸索。简单而实用的方法是用柔印追凹印，在印同一个图案的条件下比较柔印与凹印的实地色饱和度，相同的颜色密度测量值将是很公平的评判数据。

用 Bellissima 技术打开市场，任重而道远。

（原载于 2020 年 3 月《印刷杂志·中国柔印增刊》）

柔印真网点专色数码模拟探讨

汤建鸣

色彩管理对于印前和印刷过程控制的重要性越来越强，比如专色模拟、专色叠印、专色的上机前数码样准确模拟问题；对印刷现场的色彩还原、可持续批量印刷的适应性问题等。在此，笔者提出一些问题和大家一起探讨。

首先，色彩管理对于没有经过专业培训的人来说，可能觉得是有点神秘的话题；而对于专业从事色彩管理的人员来说，又是一个很枯燥的话题，这是一个和数据打交道的工作，准确地说是和准确、有效的数据打交道的工作。

所谓色彩管理，是指运用软硬件结合的方法，在生产系统中自动统一地管理和调整颜色，以保证在整个印前和印刷过程中颜色的一致性。以 CIE 色度空间为参考色彩空间，特征文件记录设备输入或输出的色彩特征，并利用应用软件及色彩管理软件作为色彩控制工具。

实现不同专业显示器显示颜色的一致性；实现不同输入设备到不同输出设备间的色彩匹配传递，包括数码打样机、数码印刷机、传统印刷机等；数码样能够准确预示印刷输出的成品大货的颜色；最终实现从输入到输出的传递与转换的高质量色彩一致性。

实现方法概括为以下几点。

（1）输入设备的校正与特征化。

（2）显示器、打样设备、印刷机的校正与特征化。

（3）色彩转换。

以上基础概念内容不属于本次探讨内容就不展开了，凹印、胶印这里也不展开。我们直奔主题，如何获取准确有效的柔印专色真网点数码模拟样。首先需要明确，要打出一份准确的柔印真网点数码样，必须具备以下基本条件。

（1）准确有效的数据采集。

（2）通过校正的稳定输出设备。

（3）智能化管理的流程。

一、准确有效的数据采集

众所周知，色彩管理源头重要的一步是 Fingerprint，采集印刷机特性和数据，如图 1 所示为典型的 Fingerprint 版面。

图 1　典型的 Fingerprint 版面

Fingerprint 需要做到采集数据的准确性、全面性。假如源头数据有偏差，就会导致整个后续色彩管理工作变得毫无意义。因为很可能采集了非标准印刷状态下的数据，抑或专色文件本身需要输出的数据，Fingerprint 没有采集到。很多人可能觉得拿到了一套专业的色彩管理软件（Esko、GMG、EFI、CGS 等），制作包含四色 + 专色色表的印版，上印刷机印刷一次取样就可以了。但是，如何判断采集的数据是不是标准化的？如何判断采集的印样是有效的？源头数据一旦出错，后面留给印刷机还原的空间（油墨调整、设备调整）就会很小，甚至无法还原。

1. 色靶提取数据的完整性

由于颜色数据的庞大性、计算模型的复杂性、上机印刷版面设计的要求限制等原因，色靶提取的色彩数据往往不够完整。图 2 是一张 ECI2002，EyeOne IO 标准四色色靶，上千个叠印色块采集四色的叠印信息。这里笔者提出一个遇到过的问题，供大家参考。标准四色色靶是否可以涵盖 CMYK 四色的所有网程？实际上，有些色彩管理软件色靶设计的最小单元是 10%，有些色彩管理软件设计的最小单元是 5%。

图 2　ECI2002，EyeOne IO 标准四色色靶

以某款色彩管理软件色靶为例，其 CMYK 四色设计采集的色块网程如下所示。

C：100、85、70、55、40、30、20、10。

M：100、85、70、55、40、30、20、10。

Y：100、85、70、55、40、30、20、10。

K：100、80、60、40、20。

通过以上数据可以发现，采集色靶的四色叠印数据是不包含 20%（或

10%）以下的叠印数据的，只是根据 10% ～ 100% 的阶调软件进行线性平滑的计算。柔印由于小网点（特别是在 10% 以下）的网点扩张和凹印、胶印不同，是非线性平滑的。那么，就要注意测试版采集 Fingerprint 数据时，要准确采集优化这一部分的数据，否则高光输出就会失真。同时，采集印刷样必须要在印刷大货正常的工艺条件下进行，各类版材印样网点状态正常无缺陷。如果取的样是非正常印刷状态下的样品，那么这样的色彩管理将毫无意义。可见，现场取样判断是否合格尤为重要。

2. 变量数据的采集

柔印做 Fingerprint 的时候，大多数人基本是采集 CMYK 四色数据。上机基本都是锁定 CMYK 四根高线数网纹辊（比如 4 根 800 ～ 1000lpi），采用中性双面胶带，固定色序（里印、表印）的方式上机印刷获取数据，获取的数据也基本只能满足该工艺条件下的正常四色图像的要求。

但是，往往批量生产时会出现如下情况。

（1）四色图像根据不同文件要求，会使用不同硬度的双面胶带，而不同硬度的双面胶带印刷出来的样品数据是不一致的，图 3、图 4 为不同硬度的双面胶带，在同样的印刷条件下实地印刷和网点印刷的差异。

图 3　不同硬度双面胶的实地印刷效果差异

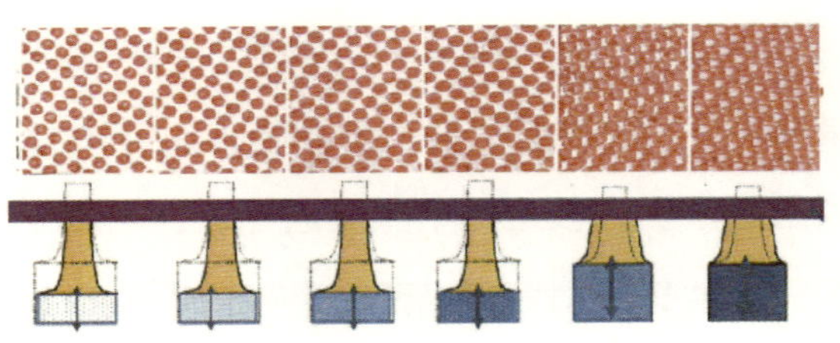

图 4　不同硬度双面胶的网点印刷效果差异

（2）专色根据实地密度不同，会使用不同 BCM、不同线数的网纹辊，不同网纹辊得出的数据也会不一样。

（3）凹转柔过程中，在达到凹印实地密度要求下，经常会使用稍高墨量的网纹辊进行生产，或采用拆色的分色工艺。以图 5 这个凹转柔文件为例，两个深蓝色，一个实地密度 1.97、一个实地密度 1.8，设计中两个专色图像互叉。对于 1.97、1.8 这样的实地密度要求，就算使用 400lpi 的网纹辊都很难达到，这个时候一般都会采取拆色的方式完成，即多个相同或类似的颜色叠印出一个凹印专色。

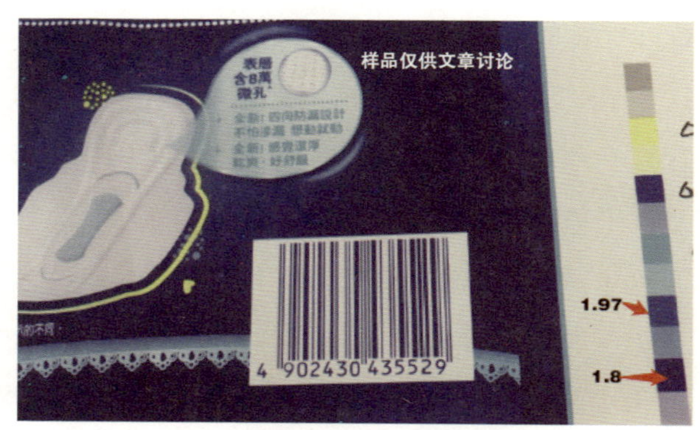

图 5　凹印产品的实施密度

（4）由于印刷色组震动、刮刀压力、承印物门幅宽度带来的数据差异。

通常用连续三个图案分别采集数据，取平均值的办法来获取数据，以获得相对准确的数码样打印曲线。

（5）不同色序带来的油墨转移叠印性能、油墨透明度的变化。这时我们发现，Fingerprint 的四色数据，应对专色数码样上机前的模拟就捉襟见肘了；特别是，使用中性双面胶带获取的四色数据，就更加力不从心了。这个时候有人会说，专色可以上机印刷采集数据。但是几千个潘通专色、品牌专色，都上机获取数据显然是不太现实的，就算印刷厂可以配合上机印刷采集数据，但是固定一根网纹辊现实吗？只使用一种双面胶带现实吗？图 5 案例中，两个专蓝色拆色就会得到两种网纹辊、两种双面胶带的同一个专色号的两种不同专色数据，使用两个专色叠印获取1.97、1.8的实地密度，从而实现软包装凹转柔，不牺牲色域和效果。那么问题来了，几千个潘通专色经过不同网纹辊、不同双面胶带的方案叠加，使得专色的结果带来的是几何级的增长。这个时候，显然得选择其他的方式，在上机印刷前取得相对准确的数据去模拟这些Fingerprint之外的专色数据。

一般双面胶带的差异，可以通过长久数据的积累，以获取不同双面胶带之间的数据转换关系，找出能够转换的中间值。

同一个专色号使用不同网纹辊，会出现不同结果。不仅会带来密度深浅L值的变化，而且会导致ab值的色相变化，这个比不同双面胶带相对复杂一点。不同网纹辊墨量变化也可以通过长久数据的积累，在获取不同网纹辊之间的转换中间值基础上，根据不同色系的各自数据，调整以获得各自的相对准确的数据用于模拟数码样打印，具体方法细节这里就不展开讨论了，这里只是提供一些思路和探讨。

一张真网点柔印专色数码样的打印要相对准确，打印前就要获取各自的变量数据组合包，还要获取印刷厂的印刷色序、网纹辊、双面胶工艺数据，这样才能做到准确模拟。

3. 有明确目标的打印曲线、制版曲线的获取

以某品牌为例，其明确要求印刷样与数码样实地色差值ΔE在2.5以内，以品牌确认的数码样作为标准；50%网点扩张要求72%±5%。印前制版公司根据不同印刷厂的ICC特性文件，加载制版曲线以模拟最后的印刷样品，完成数码样打印曲线。通过对一个文件指定版材的裸版（即不加印前任何曲线，只加制版曲线）上机印刷，测试并进行数据分析，如图6所示，该系列产品文件有10个专色，要求通过补偿以达到50%网点扩张到72%的目标标准，同时为了获取2%～100%的平滑目标网扩曲线，意味着对该文件的10个专色需要做10条相对应的打印和制版曲线。

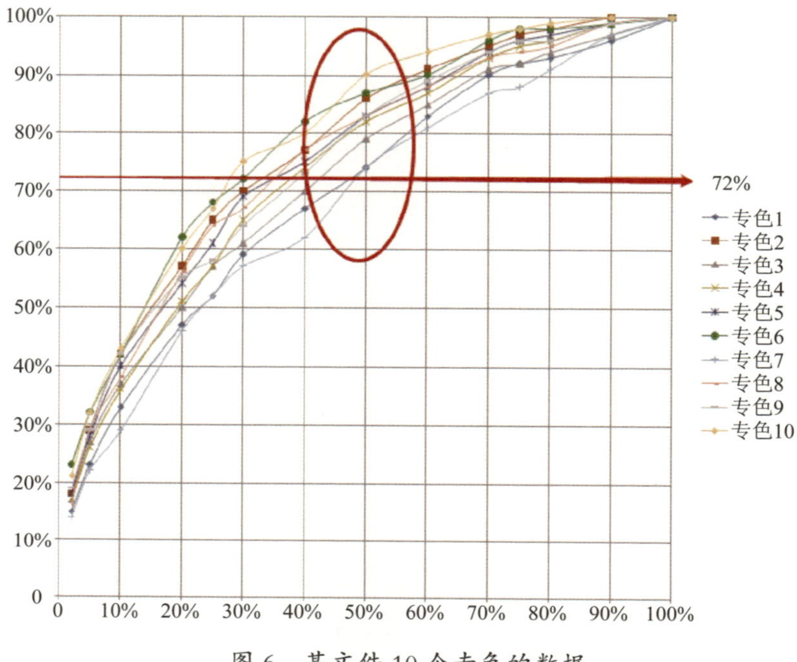

图 6　某文件 10 个专色的数据

由于标准可以允许有 ±5% 的网点扩张上下波动，虽然可以把相近的几个专色合并为一根打印和制版曲线，但是，几百个专色意味着合并相近专色以后，至少需要近百条打印制版曲线才能获得相对满意的结果，这给印前制版公司和印刷厂带来巨大困扰。应对如此巨大数据量，印前部门尽早实现动态智能打印曲线，以准确满足客户要求就显得极其有必要了。

二、通过校正的稳定设备输出

印前采集到准确有效的源头数据以后，打印高质量的真网点数码样前，必须把输出打印设备进行线性化校正，并且要经常定期做好校正维护工作，以确保不同时间段能够稳定输出一致性的色彩。

关于输出打印设备的线性化校正工作这里就不展开讨论了，很多软件公司、设备厂商都会有专业的系统培训。这里简单提几个要注意的地方。

（1）线性化的时候要注意色域，不要让打印机色域小于柔印机色域；否则就不能准确模拟、还原柔印机的印刷效果。

（2）数码样输出的时候要参考柔印机印刷可以达到的真实实地密度值，否则印刷品不能还原数码样，数码样将失去参考意义。图 5 两个实地密度为 1.97、1.8 的深蓝色就是例子，假如不是采取印前拆色的方法，柔印机将无法还原数码样效果。

（3）高光部位的印刷表现，柔印和凹印、胶印差异很大。一份高光部位只有 3% ～ 5% 网点扩张值的数码样，柔印机是很难还原的。

（4）数码样输出的时候要注意模拟纸白，毕竟用于数码样打印的纸张颜色和实际印刷的纸张、薄膜承印物颜色迥然不同。当纸白模拟不准的时候，印刷将无法还原数码样的视觉效果。

三、智能化管理的流程

印前在进行柔印真网点打印数码样的时候，众多的专色采集以后，有必要进行归类整理，进行智能化的流程管理，毕竟现今是大数据时代。

对于一个印前部门来说，每年处理的订单超过千个，若是每个订单有 2 个或多个专色，那每年需要处理的专色数量将达到惊人的几千个；若是每个专色都需要测量、模拟和输出，那不但工作量巨大，而且容易出错。

从印前工作的起点，不管是手工开单还是 ERP 流程开单，一直到文件制作、拆色、调图和数码打样输出，这个过程应该要尽量保持专色特征数据的一致性。如何把专色特征数据无误地从源头传递到结束输出，将变得无比重要。其间，最少人工参与专色管理工作就显得尤为重要了。ERP、专色数据库、色彩管理引擎、自动化印前流程处理软件之间的协同工作为一致的色彩输出提供有利条件。

四、结束语

总之，一份合格的柔印真网点数码样是集中反映印刷现场条件的模拟预判样。只有更贴近真实的印刷工艺，才能更准确地使数码样和印刷样获得相对一致的色彩。

其中网纹辊、双面胶带、刮刀、印刷色序、印刷幅面、专色处理、打印输出等各个环节都做到细致，才能输出一份合格、有参考意义、能印刷还原的真网点专色数码样。

（原载于 2019 年 12 月《CI FLEXO TECH》）

广色域技术在包装领域的推广与应用探讨

译者：赵嵩

包装供应链承受着一系列压力，特别是来自品牌商要求降低包装成本、提高质量以及保持可持续性的压力。品牌商之间的合并给供应商造成了更大的成本压力。包装是主要成本，因此也是主要目标。

包装印刷行业提高效率的方法之一是采用广色域印刷技术。长期以来，广色域印刷技术一直被视为是一种可以降低成本、提高印刷质量的技术，但是许多将专色转换为多色叠印的专业工具软件都非常昂贵，目前主要用于大型的制版公司和印刷厂。

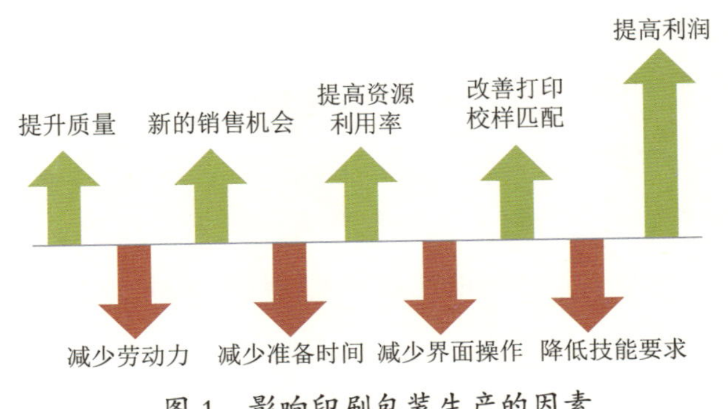

图 1　影响印刷包装生产的因素

另外，迄今为止，缺乏准确的专色匹配经验数据，广色域印刷系统的复杂性以及对过程控制标准化的依赖影响了广色域技术在包装印刷领域的应用，某些细分市场除外，对于一般商品和普通品牌，节约成本和颜色不匹配的风险损耗相比，如果成本节约更明显，则广色域技术就会快速普及。

在爱博海·沙马博士的指导下，瑞尔森大学图像传播管理学院最近使用数字印刷机对多色印刷替换专色进行了评估，避免了传统印刷机的波动性对测试结果造成的影响，而专注于评估印前系统色彩再现的准确性。

研究结果表明，广色域印刷技术可以代替烦琐的常规专色工作流程，从而节省大量成本并带来竞争优势，尤其是对标签和包装印刷厂而言。该研究的结论是，用多色印刷替代专色的解决方案是完全可行的。

一、技术与公差

广色域印刷正在各种类型的包装印刷尤其是宽幅软包装领域被广泛研究和采用。实际上，近年来新的设备投资很大一部分都集中在广色域印刷生产线上。广色域印刷的生产效率超过传统 CMYK 加专色的印刷工艺，同时成本更低，使用更少的印版、油墨，减少了印刷生产工序，好处众多。美国已经有相当多的品牌商依赖广色域印刷技术。

值得注意的是，如今具有世界先进水平的数字印刷机已经广泛采用各类广色域技术复制专色。因此将广色域技术应用于常规的柔性版印刷，可以实现数字印刷可重复这一灵活性。

瑞尔森大学的研究结论证实，CMYK 以外的其他颜色（如橙色、绿色和紫色）确实扩大了色域，但不同的色彩管理软件对于同样的专色会生成非常不同的 CMYK OGV 分色方案。

在标签和包装行业中，一般要求将专色的色差控制在一定范围内，通常要求 $\varDelta E$ 小于 2。研究表明，使用爱普生和惠普打印机，许多印刷厂都可以复制出至少 80% ～ 90% 的潘通专色库，并且做到 CIE2000$\varDelta E$ 小于 2。

二、专有方案

为了使广色域技术应用更为广泛，它必须是重复性好的生产工艺。如今，新一代工具软件极大地减少了印刷测试所需要的时间和使用的材料，同时也降低了流程正常运转所需的技能要求。

许多现有的广色域流程是过去 20 年来不断发展的产品和专有技术的混合体。广色域印刷于 20 世纪 90 年代首次成功推出，当时采用爱克发水晶光栅调频加网技术。传统加网方式中常见的撞网和摩尔纹将印刷工艺限制在四色以内，调频加网解决了这个问题。其他供应商后续也快速推出广色域解决方案。

虽然这些广色域工艺行之有效，但它们需要高水平的色彩专业知识以及大量的印刷测试，创建许多特性文件，因此一直以来运行成本都很高，实施过程麻烦且难度大。因此，通常只有规模较大的印刷厂和制版公司，才有可能采用广色域并制作高质量印版，由于需要额外的印前工作，在印刷过程中节约的成本也就被抵消了。

瑞尔森大学研究报告中的另一个问题是，当处理四色及更多色印刷文件时，使用 Adobe PDF 打印引擎（APPE）、Acrobat Pro、Illustrator 和 Photoshop 格式的文件，Adobe 应用程序会遇到一些问题。早期版本的 APPE 限制文件中专色通道的数量，也就是 APPE 一次输出的颜色通道数量。尽管有报道称最新版本的 APPE 中解除了此限制，但某些供应商仍在使用老版本产品。

瑞尔森大学注意到一些现象，有些基于 APPE 的色彩管理软件无法处理包含 1800 个专色通道的测试文件。此前提到的其他 Adobe 应用程序（用于图形设计和 PDF 检查）在显示带有大量专色的文件时也遇到问题，因此需要其他应用程序来检查所有专色通道。

通过显著提高印刷质量，以及使颜色合规变得简单可行（译者注：颜色合规是指印刷生产的产品色彩符合相关的国际或地方各类标准），广色域印刷技术可以产生强大的影响力。实际上，近年来通过软件的高度整合，它可以做到打样与印刷近乎完美的匹配。如果采用自动流程，普通技术水平的操作员也能做出稳定一致的产品。当然，由于成本优势，设置广色域流程和生成特性文件的初始投资及其测试成本可以快速收回。

图 2　广色域印刷测试过程

三、一个开放的流程

不必投资单独的专有软件，集成几个简单的应用程序就可以实现广色域技术，从而帮助包装印刷厂和制版公司利用现有的软件，以更低的价格，更轻松地印制更高质量的包装。那么，开放式广色域分色方案如何帮助印刷厂和印刷人呢？

开放式流程解决方案具有明显的经济效益。

（1）传统印刷机印刷测试的终结：使用合适的特性化文件生成工具，几乎不需要做印刷测试。

（2）大大减少印刷准备工作时间并降低印刷成本：减少了印刷机清洗次数，几乎所有的广色域解决方案都可以做到这一点。

（3）印前节省一半以上时间：这是因为色彩管理更简单了。

（4）整个业务的利润率提高：广色域技术能够在整个生产过程中实现标准化。

（5）油墨库存成本更低、浪费更少：任何广色域工艺都可以实现。

（6）节省材料：更少的材料损耗和更短的换单时间。由于工艺标准化，减少了网纹辊的使用，库存也随之减少。

（7）提高产能：降低印刷成本并提高印刷车间的产能。

除了经济效益外，该解决方案还具有如下优势。

（1）大幅提高印刷质量，能够追到更多潘通颜色，并增强图像的鲜艳程度。

（2）颜色合规变得简单可行。

（3）打样和印刷色彩高度匹配，但需要数字打样精确地再现数字和传统印刷中的专色和广色域技术下的色彩。

（4）通过简化操作流程，降低对操作员的技能要求，使得不同层次的操作员的工作质量保持在同一水平。

四、光谱预测技术

开放式流程解决方案的基础是光谱预测技术，该技术基于印刷厂油墨库的光谱数据，可以进行准确的数字打样和广色域分色。由于特性化是这个解决方案中所有颜色功能的核心，因此与以前的任何方法相比，整个过程简化且更加精确。该解决方案包括以下四个方面。

（1）一个生成打样数据和分色特性化文件的工具，该特性化工具可动态地将数据传递到其他软件组件中。借助动态特性化技术，印刷厂可以通过集中的光谱信息数据库，将包装生产过程的每个部分连接在一起。这种以光谱数据为基础的方式，使人们可以由始至终对整个印刷过程进行色彩管理。

（2）一个印前应用软件，可以将 PDF 和 Illustrator 文档的色域转换为广色域。它还提供了分色所需的其他关键印前工具，比如原生 PDF 预览工具可以避免一些长期存在的问题，即 Adobe 的 PDF 相关软件以及使用它们的应用程序，包括 Photoshop、Illustrator 和 InDesign，无法兼容含 4 个以上通道的制作或叠色。

（3）一个用于图像分色到广色域的Photoshop插件。目前Photoshop操作员通常使用许多复杂的手动操作扩展图像的色域。这个工具如果设置正确，操作员的工作可以大大简化并自动执行。

（4）一个合同打样软件。要确保客户批准最终的设计稿，需要合同打样软件来拓展并完善广色域解决方案。

其实很多工具都可以使用，关键在于它们之间的整合。如果这些工具紧密协作，则能克服早期生产方法的局限性，并将广色域技术推向全世界的包装印刷厂。

一个好的印前软件能够在色域转换前后准确而快速地显示设计视图，通过高亮提示风险区域来消除错误，同时还保持了对原文件的编辑能力。

生成动态特性文件对于打样软件很有帮助，但是只有在印前过程一开始把它应用于包装设计时，其真正威力才能显现出来。一般的印前软件都可以将专色映射到多色分色数据上，但通过链接动态特性文件，这类印前软件的功能变得更为强大，可以轻松快速地转换包含许多专色的设计文件到广色域空间下，最终减少印版、油墨和印刷色组的使用，缩短调机时间。

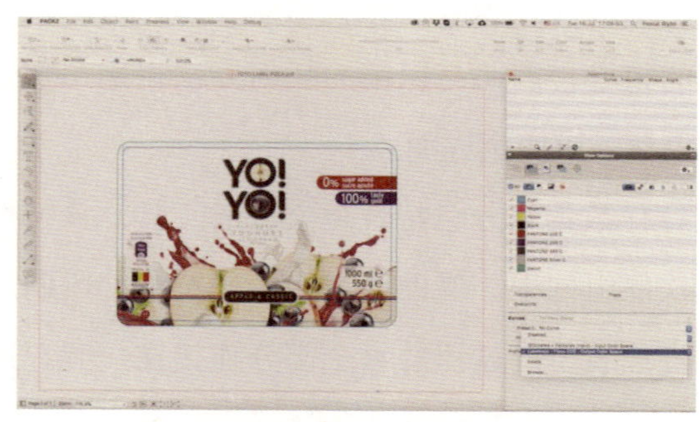

图3　印前软件操作界面

五、如何实施

当然，无论采用哪种工艺，无论油墨、套准精度和印刷机配置（比如印刷色序或网纹辊）如何，前期工作都是要对印刷机进行校准和特性化，以确保印刷过程是受控和可重复的。需要用多色测试来确定 $L^*a^*b^*$ 值、网点扩张和加网角度，并且必须对其进行测量和评估。这有助于印刷厂确定自己的印刷机、承印材料和印刷色序的内部标准。

1. 生成预测性的特性文件

动态特性文件工具遵循已发布的内外部印刷标准，基于一个大型印刷信息数据库，生成预测性的特性文件。与其他解决方案相比，通常只需测 30 个色块，甚至有时仅需测 1 个色块，把这些色块印在裁切线外，无须复杂的印刷测试。

这样就可以为每种印刷条件和油墨组合生成新的特性文件。借助此功能，可以把包装设计中的大量专色转换为广色域下的颜色。因此，无论使用哪种特定的广色域油墨，该工具都能保证稳定的输出质量。

瑞尔森大学的报告提到，目前在广色域印刷领域没有标准的测试色表及相关规范，众多供应商纷纷推出自己的专用测试文件并定义色块的颜色值。测试色表中的色块数量与印刷机的尺寸和测量仪器的规格相关。可以选单个色块，也可以是一个最多包含 30 个小色块的测控条，或者类似于I T8/7.4 或 ECI2002 的完整色表，也可以是更大容量的色表。为了最大限度地减少印刷测试，可以制作包含任何颜色的色表。一个真正好的特性化工具应该是基于光谱算法的，通过测量有限的色块可以预测未测量的色块颜色。通过使用光谱数据，借助其他叠印色彩的相互作用，可以预测整个阶调范围内的颜色。使用高效的印刷特性分析应用程序，无须对所有可能的印刷条件做测试即可预测出印刷结果。打样和分色可以依据同一组数据完成，同时它也能准确预测叠印效果。对于不同的承印材料和油墨，使用小型测试条可以进一步改善和提升动态特性文件工具的准确性与可靠性。

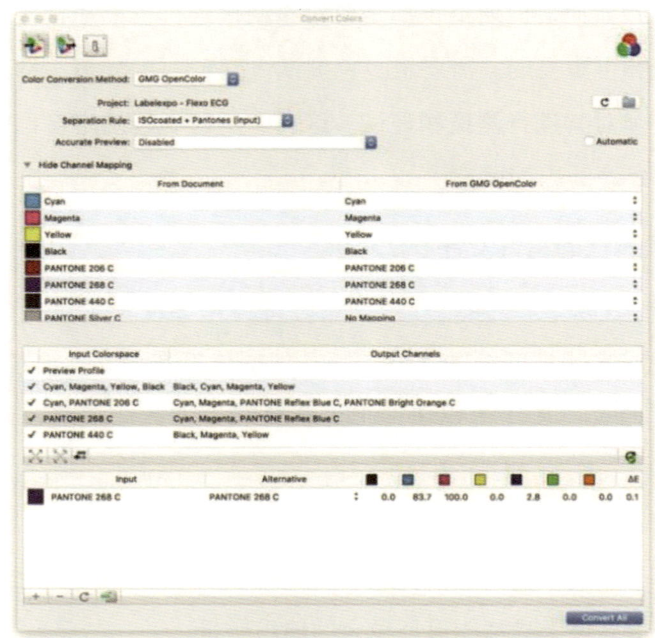

图 4　色空间转换界面，将潘通 268C 转化成为 CMYK 加 OGV 的颜色组合，色差为 0.1

2. 颜色转换

印前软件将复杂的 PDF 或 Adobe Illustrator 格式的文件轻松转化为任意广色域的颜色组合，颜色数量可以从两种到十多种。它还能将任何通道重新转换为自定义专色或其他非标准广色域颜色，比如用线条颜色替代 CMYK 颜色，以及可以提高整个供应链利润和质量的其他分色可能。

像 PACKZ 这样的专业印前软件，可以直接链接到 GMG OpenColor，显示从专色到广色域颜色的转换以及包含因转换产生的视觉误差或 ΔE 值，从而可以由印前操作员决定颜色转换。

以上方法打破了基于 Adobe 产品的四色限制，开发人员曾推出复杂的解决方案来克服 Adobe 印前软件的限制，比如生成多个四色印刷测试文件，然后将它们组合在一起创建一个广色域特性文件。但是，这些变通办法增加了时间，提高了成本，让已经很复杂的设置过程变得更加复杂。

没有四色限制，颜色模型将变得灵活，如不再局限于 CMYK OGV。印刷厂可以根据客户最需要突出的颜色来选择生产油墨，换句话说，色域的哪个部分最容易扩展以匹配特定的专色（译者注：包装印刷中经常会遇到一些需要特别突出的颜色，这些颜色可能是系列产品的主基调颜色，也可能是产品商标的颜色，有时突出这些主色是品牌商尤为关注的）。

一个好的印前软件还可以在颜色色域转换前后准确而快速地显示标签和包装设计视图，同时提示风险区域来避免错误。它还将保持文件的可编辑属性，及分析和修复图层的能力，比如查找出由多色叠色的细小文本、线条和对象。

3. 分色调整

基于 Adobe Photoshop 的插件可在软件中提供多通道预览，以准确显示图像中的专色叠色。此功能消除了 Photoshop 在包装印前中的一个最大历史限制，它还可以提供工具来增强图像的颜色，并更快地为各种类型的包装设置更好的颜色。以下是一个 RGB 到广色域的柔印图像处理案例（见图 5）（此图像未使用紫色油墨）。扩展色域印刷可以增强图像的色彩，但是高品质的柔版印刷不仅不需要增加油墨，在许多情况下，反而还要减少某些区域的油墨。

高质量柔印的分色步骤如下。

首先，GMG 颜色插件使用 OpenColor 创建的特性文件将 RGB 图像转换为广色域图像，然后使用颜色插件执行这些附加任务。

（1）去除香蕉中的所有青色（防止变绿）。

（2）从草莓中去除青色（防止红色变暗）。

（3）从绿色中删除所有品红色（减少暗淡的绿色）。

（4）用橙色代替草莓中的黄色（使红色更亮）。

（5）用黑色加强绿叶的形状和细节。

（6）用黑色加强黄色香蕉的形状。

（7）用黑色加强红色草莓的形状。

（8）用橙色使红色的草莓变亮。

（9）用橙色使香蕉中的渐变更平滑。

（10）用绿色油墨增强绿色叶子的颜色。

将图像转换为广色域只是过程中的第一步。没有这些额外的步骤，最终图像将不会如原图那样吸引人，且印刷稳定性也不好（译者注：对于柔印而言，没有经过分色调整的图像可能会有大量离散网点，这些网点是极其不稳定的，可能使最终产品看起来差异较大）。

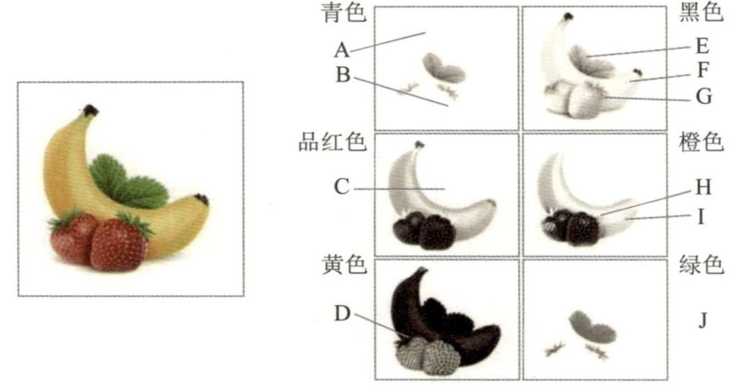

图 5　RGB 到广色域的柔印图像

瑞尔森大学的研究解释说，不同的分色组合在广色域印刷中可以产生相同的颜色效果。对于传统印刷机，可加快印刷机的速度或减少印刷出一个颜色所需的油墨数量（译者注：如果使用更少的油墨，烘干的要求会降低，同时可以减少套色的工作量，从而加快印刷速度，这是很多印刷厂提升效率时所要考量的）。对于数字印刷机，可以优化其颜色配比，以消除真正不需要的油墨，并降低工作量。对于柔性版印刷机，还可以使用更稳定的颜色配比。该工具能通过直接从宽色域 RGB 颜色空间转换为广色域颜色空间来增强图像的颜色（译者注：宽色域 RGB 色彩空间由 Adobe 开发，提供使用纯光谱原色混合构成的宽色域。该色彩空间包含 CIE $L^*a^*b^*$ 色彩空间中指定的可见色彩的 77.6%，相较标准 Adobe RGB 色彩空间的 52.1% 来说提升明显）。

4. 打样

最后的关键部分是一个可以轻松地用于广色域印刷的打样解决方案。尽管近年来包装领域的打样技术没有重大突破，但特性化软件与打样软件的结合使合同打样取得了重大突破，达到了全新的色彩精度和按需打样的水平，已经完全可以进行准确的专色叠色模拟。因此，该解决方案在广色域印刷中得到了广泛采用。

此流程中的软件可以为柔印和其他包装自动化印前工作提供颜色和品质的支持。基于原生 PDF 和开放标准还可以支持许多第三方产品，如 Colibri Matchmycolor、MeasureColor、Pantone LIVE 等。该软件也可以连接调墨间和印刷车间的流程控制系统。

六、对于终端用户的意义

人们对任何新技术都有很多要求或期望，对于广色域印刷也不例外，这里描述的所有技术均已在生产中使用并取得了不错的反响。各个软件间紧密合作，克服了早期产品的局限性，并将广色域印刷技术推向全世界的柔印人。印刷厂和制版公司提供了很好的反馈。

马修斯国际硕科分部的色彩印刷经理提姆·洛依克说：“我们发现，公司需要额外调整颜色的情况大大减少了。对于一位重要客户，我们将颜色调整时间从原来的 2h 减少到了 20min。该插件是个颠覆传统的工具，可以针对每一层单独调整该图层的通道映射和油墨颜色组合以及不同特性文件之间的转换。针对大量广色域处理，这些工具能够让我们的工作变得更高效。”

West Essex 图像公司生产副总裁荣·瑞克斯表示：“公司有许多软件工具和经验丰富的印前操作员，为客户生产最高质量的柔印印版。越来越多的客户希望通过使用广色域分色技术来提高印刷效率，减少印刷机清洗和专色的使用。了解到有一种将专色设计转换为广色域的整体解决方案时，我们要尝试一下。要获得高质量的广色域分色并非易事，使用这个软件系统我们能够在几分钟内完成分色，和以往操作员几个小时的人工分色相比，这个结果可能更好。我们希望客户看到广色域所能带来的好处，包括质量提高和成本节省等方面，他们会对这个技术的兴趣越来越大。”

关于作者：迈克·布登堡（Mike Rottenborn）是HYBRID软件公司的总裁。他的职业生涯始于杜邦印刷与出版事业部的电气工程师，并在印刷行业工作了30年。离开杜邦后，迈克加入了PCC图像系统公司，致力于为包装和商业印刷客户提供印前工作流程软件。2007年，迈克创立了HYBRID软件公司，其目标是提供一种整合电子商务门户、印前工作流程和MIS/ERP系统的解决方案。12年后，这一愿景已在全球数百家印刷厂和制版公司中变为现实，HYBRID成为一家全球公司，提供基于原生PDF标准的包装印前、编辑和工作流程的创新解决方案。迈克拥有弗吉尼亚理工大学的电子工程学士学位和维拉诺瓦大学的计算机科学硕士学位。

埃里克·施密特（Erik Schmitt）是GMG公司在加拿大多伦多的销售总监，其毕业于瑞尔森大学图像传播管理学院，在过去15年中担任过印前、IT、应用专家各种职务，在胶印、柔版和宽幅面市场中实施色彩管理。

（原载于2020年3月《印刷杂志·中国柔印增刊》）

柔印机印刷单元控制能力提升

韩健　唐连涛

近年来，国内卫星式柔版印刷行业发展势头良好，西安航天华阳在原设备基础上，通过不断测试与经验积累，推出了以下几种新功能，增强了柔印机印刷单元的控制能力。

一、一键自适应从最小版到最大版的控制环优化功能

卫星式柔印机版辊电机的稳定运行非常关键，直接影响到产品的套印精度。在设备调试阶段，电气工程师会对版辊电机做细致的控制环参数优化。控制环包括速度环（见图 1）和电流环（见图 2）两个环节，每个环节都要进行比例、积分调节，在有干扰的情况下，还要增加滤波消除干扰。这个复杂的过程对每台设备的每个版辊电机都要进行。优化完成后，这些参数被保存在设备程序中，不再变化。所有的优化参数都是为了保证电机的平稳运行，以达到最佳的印刷效果。图 3 为某个版辊电机的跟随误差检测图，从图中能够看出，电机的速度波动被控制在 ±0.0015° 以内，在这个范围内这个电机可以很平稳地运行。

但是，经常会遇到这种情况：机器在公司运行时印刷效果非常好，到客户现场后，莫名地出现套印不准的现象；或者是客户刚开始使用都没有问题，使用一段时间后，套印就出现了问题。出现这种现象的根本原因是：版辊电机的

最初控制参数不能适应当前版辊的机械性能，比如版辊直径变化、长度变化、机械连接的松紧变化等。

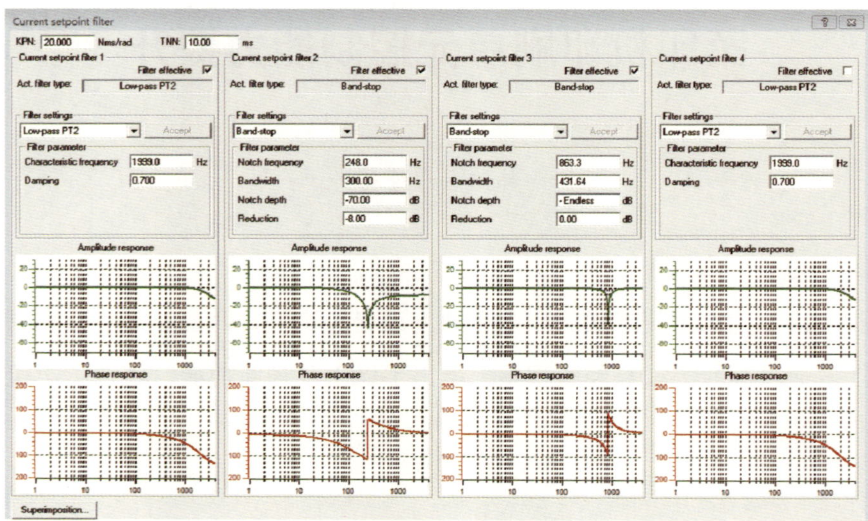

图 1　速度环参数

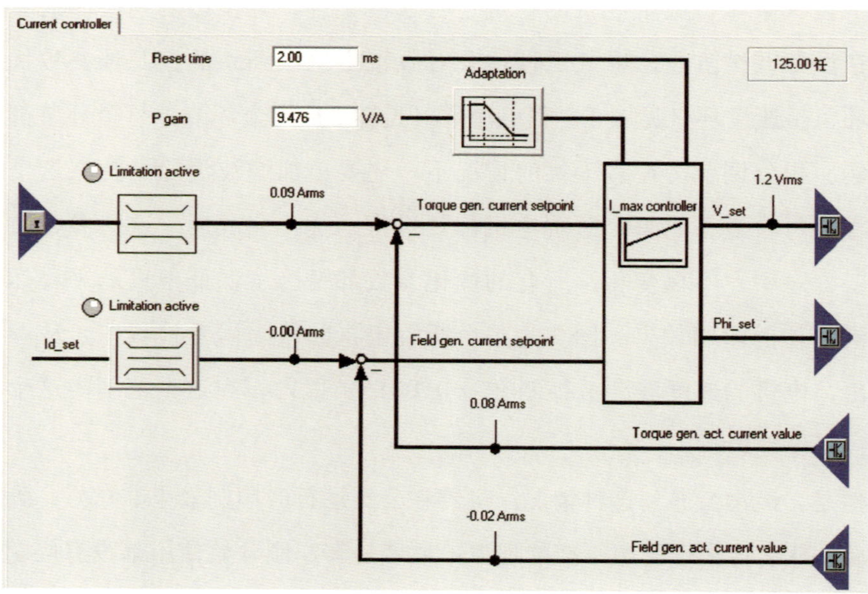

图 2　电流环参数

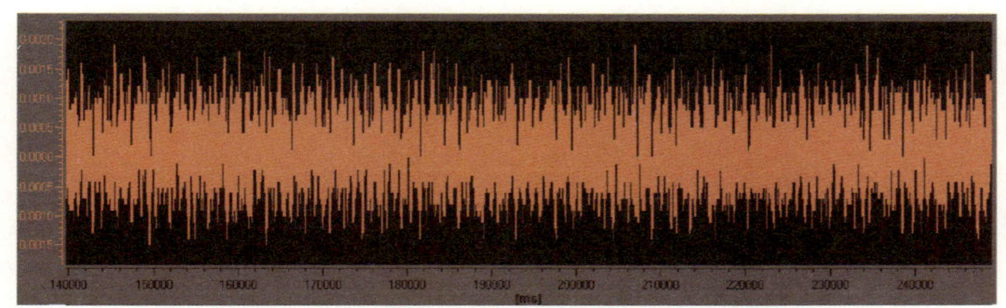

图 3　版辊电机的跟随误差

事实上，每套版辊的直径、重量、转动惯量等都不一样，相同的电机控制参数是不能满足这么多种版辊规格的。甚至有时候版辊并没有变化，但是设备长时间运行后，版辊连接的轴承松紧度发生了细微的变化，原来电机的控制参数也将不能满足控制要求。图 4 展示了 4 个版辊套筒，直径、周长各不相同。表 1 列举了几种套筒（大尺寸套筒需配置过桥套筒）的重量和惯量，因为芯轴也是电机负载的一部分，所以表中的惯量指的是芯轴和套筒合为一体的惯量。

图 4　不同规格的版辊套筒

表1 不同规格套筒的重量和对应惯量

周长	400mm		600mm（含过桥套筒）		800mm（含过桥套筒）		1000mm（含过桥套筒）	
长度 / mm	重量 / kg	惯量 / kgm^2	重量 / kg	惯量 / kgm^2	重量 / kg	惯量 / kgm^2	重量 / kg	惯量 / kgm^2
1000	4.81	0.07343	17.06	0.14911	27.42	0.22518	29.43	0.24675
1200	5.77	0.08811	20.48	0.17443	32.91	0.27112	35.33	0.29173
1400	6.73	0.10280	23.88	0.19953	38.40	0.31938	41.21	0.41264
1600	7.70	0.11749	27.31	0.22486	43.89	0.42579	47.10	0.47842

目前，经过不断数据积累，在触摸屏上增加的版辊一键优化功能，可以自动识别版辊电机的控制环参数，有效解决了这一难题。当版辊直径发生变化或更换版辊电机后，电机不能平稳运行，这时，客户只需要在触摸屏上启动一键参数识别功能，并转动对应电机，系统就可以自动完成控制参数识别，还可以在触摸屏上对电机的运行参数进行现场修改，非常方便。不再需要联系设备厂家的工程师到现场进行参数匹配，节约了时间和成本。

二、版辊、网纹辊的线速度自适应功能

卫星式柔印机印刷时，网纹辊靠着版辊，把网穴承载的油墨转移到印版上；版辊靠着中心压印滚筒，把印版表面图案印到紧贴在中心压印滚筒表面的承印物上，如图5、图6所示。

在这个过程中，中心压印滚筒、版辊、网纹辊三者的线速度要尽量保持一致（误差不能超过0.05%），才能保证印刷品的质量。版辊和网纹辊直径是通过人机界面输入的，不但其尺寸本身就存在制造偏差，而且版辊尺寸还受印版和贴版胶带尺寸偏差的影响；版辊和网纹辊的实际直径与名义尺寸会存在一定的误差，由于此种误差影响，二者的线速度会出现不一致的情况。

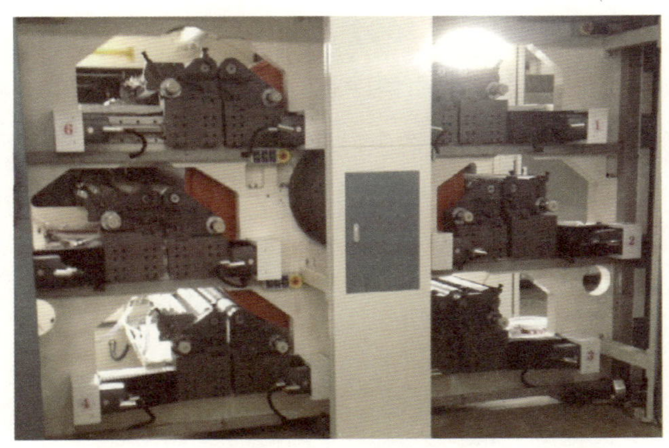

图 5　卫星式柔印机印刷部

图 6　印刷部局部

在不断试验与测试中发现，由于版辊和网纹辊之间一直存在着速度差，当在印刷压力较大的情况下，速度差累积到网纹辊电机不能适应版辊电机的速度时，版辊和网纹辊间就会出现相反的扭矩力，从而导致网纹辊电机速度突变，突变的力量传递给版辊，使得版辊与承印物表面产生打滑现象，印刷品出现墨杠。打滑过后，扭矩力释放完成，速度渐趋稳定，又进入下一个速度差累积阶段。如此周期性地反复，产生有规律的墨杠。针对此种问题，有些厂家开发了版辊、网纹辊线速度自适应功能，可有效解决这种原因造成的墨杠问题。通过实时监控版辊电机和网纹辊电机的扭矩值，对比两电机合压后与合压前的扭矩变化，不断自动微调网纹辊电机的速度，直到它的线速度与版辊保持完全一致，两者之间不再产生相反的扭矩力，从而消除在大压力印刷时出现的墨杠。

图 7 是网纹辊电机线速度自适应过程中的扭矩变化，可以把此图分成三部分（两个分界点是 380000 和 640000），第一部分是未合压时的扭矩图，第二部分是合压后扭矩不正常，网纹辊在微调过程中的扭矩变化图，第三部分是合压后网纹辊线速度适应完成后的扭矩图。从图中能够明显看出，合压后网纹辊电机扭矩从不正常到正常的变化过程。此功能可以让版辊、网纹辊扭矩变化趋于平缓，速度同步性提高，减少大压力印刷时的墨杠问题。

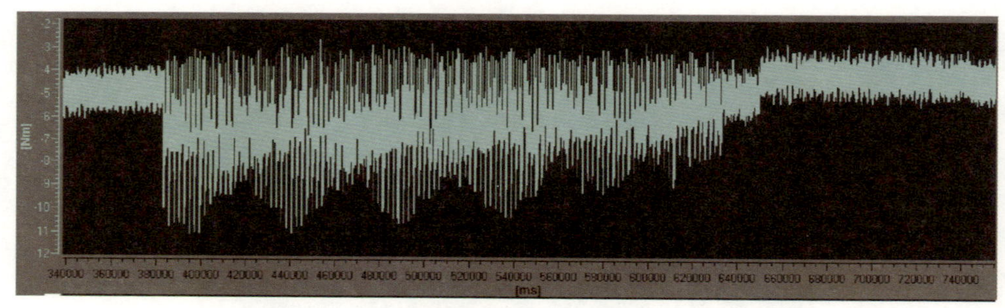

图 7　网纹辊电机扭矩变化

三、版辊扭矩自适应前馈功能

每个印刷产品由于设计原因，其图案多种多样，而且由于其产品功能不同、尺寸不一，一套版里各个颜色版的图案也不尽相同。具体到一张版上，各处的图案也不一样，有实地区域、网线区域及空白区域。这时版上各处对压力的敏感程度肯定不同，然而在印刷时，一张版的压力一定是固定不变的。

正常情况下，版辊合压后，版辊电机的运行性能是周期性变化的，各个周期内的运行性能是完全相同的，一个周期实际上对应印版旋转一周。有的印版在每个周期的固定位置上，电机扭矩会发生突变，引起系统振荡（见图 8），对印刷效果产生很大影响，这种印版被叫作台阶版（见图 9）。

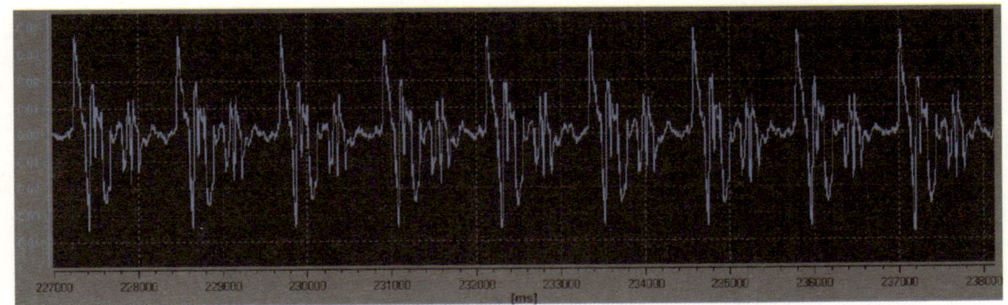

图 8　扭矩突变引起的系统振荡

图 9　台阶版

台阶版的印刷，一直是柔印机的一个瓶颈，严重影响了印刷速度的提升。对于此种特殊版面的设计，可以在电气控制系统内部增加版辊扭矩自适应前馈功能，先通过台阶版合压后带负载运转，对版辊电机在固定位置的运行情况进行测量。然后利用测量结果对电机进行扭矩预控，大大提高了印刷精度，保证了印刷的高速稳定性。图 10 为系统对版辊电机的扭矩限幅，图 11 为进行扭矩预控前后的效果对比，从图中可以看出，调整前的版辊跟随误差精度为 ±0.01°，调整后的误差精度可达到 ±0.002° 。这项功能使柔印机可以适应更多复杂版面和不规则版面的印刷，扩展了柔印机的应用领域；并且提高了印刷机的稳定工作速度，提升了产品的印刷质量。

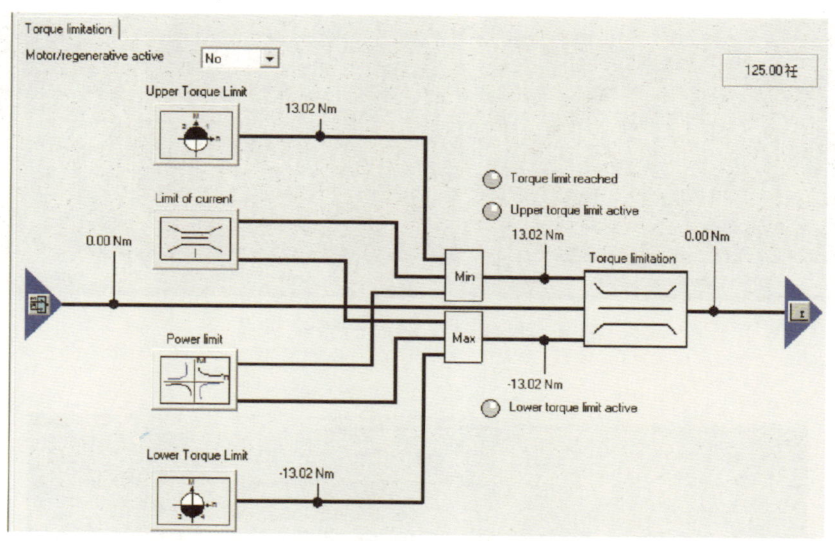

图 10　扭矩预控限幅

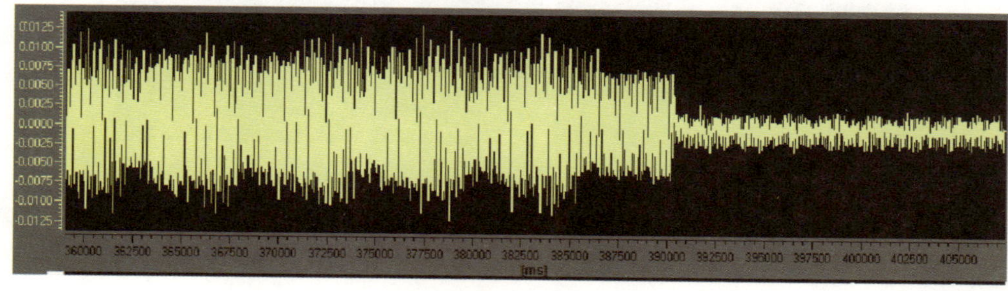

图 11　扭矩预控前后误差对比

（原载于 2019 年 4 月《CI FLEXO TECH》）

陶瓷网纹辊的应用解析

方剑

色彩稳定是柔性版印刷的优势之一。色彩稳定的原因是，柔印油墨通过网纹辊进行定量、连续传递，使柔印色彩的可控性大大增强。

但是在实际柔印生产中，却常常遇到色彩不稳定的情况。不同品牌的网纹辊在相同线数、相同墨量情况下出现较大的偏差；同一品牌不同批次的网纹辊在相同线数、相同墨量情况下出现较大的偏差。这些都给印刷的可再现性带来了巨大障碍，柔印标准化进程也因此受到很大的困扰。

掌握好网纹辊在印刷过程中的实际油墨转移状态，是柔印标准化基础中的基础，必须引起所有印刷厂的重视。所以，我们必须重新了解柔印的“心脏”——网纹辊。

一、我们需要怎样的“心脏”？

目前，业内已经达成共识的是一个强大、健康的“心脏”，需要如下三个指标。

（1）高密度的陶瓷喷涂，确保高线数网纹辊的网穴强度，网纹辊更耐磨。

（2）同样线数下，需要更高的油墨存储量，并容易将网穴中的油墨转移。

（3）网穴不易堵塞、容易清洗，可以保证持续稳定的油墨转移量。

一般来说，网纹辊初始状态对油墨的转移就有很大的影响，也决定了其对日后生产状态的影响。网纹辊对色彩的影响，起决定作用的是网纹辊油墨转移量（以下简称墨量）。在网纹辊初始状态下，影响网纹辊墨量的因素是陶瓷喷涂密度和网穴结构。

1. 陶瓷喷涂密度

陶瓷喷涂密度不仅是高线数网纹辊的雕刻基础，也是影响网纹辊墨量转移的重要因素之一。陶瓷喷涂密度越高，雕刻网穴越完整，网壁越光滑，网纹辊表面张力越小，油墨越容易转移出来。如图 1 所示，（a）图陶瓷喷涂密度低、表面张力大，（c）图陶瓷喷涂密度高、表面张力小。

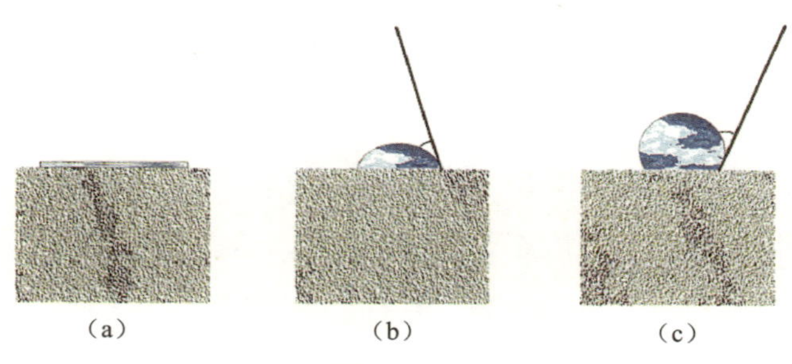

图 1　不同陶瓷喷涂密度对应的表面张力

有些网纹辊为了提高油墨的转移率，对陶瓷孔隙使用密封剂进行密封处理，以提高网纹辊的油墨转移。但是，在后期网纹辊的使用中密封剂会逐步脱落，而且这种脱落的不均匀性，会进一步造成网纹辊墨量转移的不均匀，给生产带来更多困扰。

因此，好的网纹辊不使用密封剂，提高陶瓷喷涂密度，孔隙率 <1%，从而确保墨量转移的稳定。

2. 网穴结构

网穴结构一般分为封闭结构网穴和开放结构网穴两种。

（1）封闭结构网穴。

最典型的封闭结构网穴就是传统的蜂巢型网穴，由于每个网穴都是孤立的，一般使用脉冲方式进行雕刻，激光一般分为三种：CO_2 激光、YAG 激光和 Ultra 激光（此激光是 Apex 独有的激光技术，因此 Apex 是世界上唯一一个拥有自己激光技术的网纹辊制造商）。以下是三种激光的工作原理，分别带来不同的网穴结构。

① CO_2 激光。CO_2 激光轨迹图如图 2 所示，对应的粗糙的网穴结构，如图 3 所示；大量的杂质冷却堆积以及较多的细孔，容易把油墨吸附住，造成堵塞，目前这类激光已经无法满足高线数网纹辊的需求。

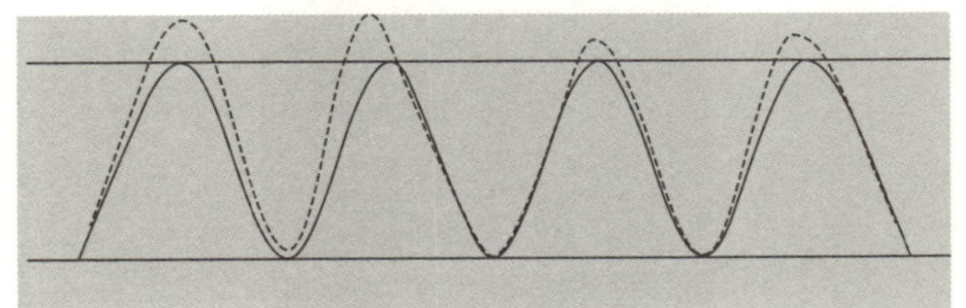

图 2　CO_2 激光轨迹

图 3　CO_2 激光网穴放大结构

② YAG 激光。YAG 激光是目前大部分网纹辊制作商的选择，其激光轨迹图如图 4 所示。其可以带来相对干净的网穴，如图 5 所示。但是其网穴形状是桶状的，较为垂直，可以雕刻更大的储墨空间。但是，较深的网穴结构同时带来了油墨转移的困难。

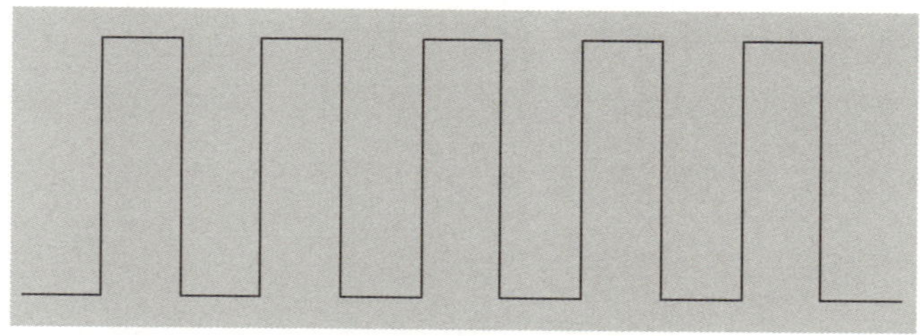

图 4　YAG 激光轨迹

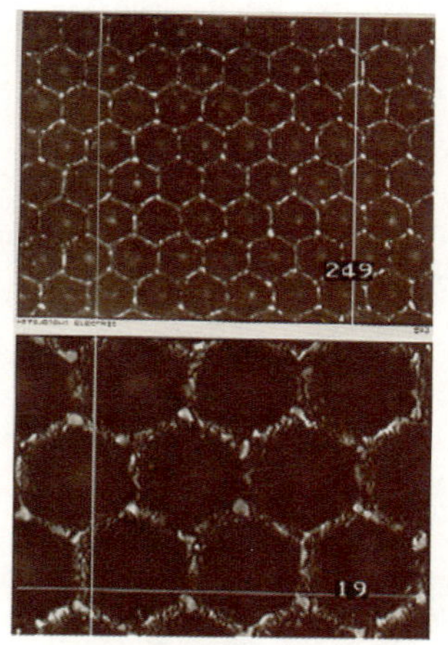

图 5　YAG 激光网穴放大结构

③ Ultra 激光。如图 6 所示，Ultra 激光的工作轨迹是可变的，在可变的过程中，可以带来一个宽大的、底部较浅的网穴，如图 7 所示；在大墨量的同时，有效提高了油墨转移率。使用 3D 扫描软件对这种技术网纹辊网穴立体结构进行扫描，如图 8 所示；其与使用 YAG 激光进行雕刻的网纹辊网穴立体结构（见图 9）相比，网穴更加不容易堵塞。

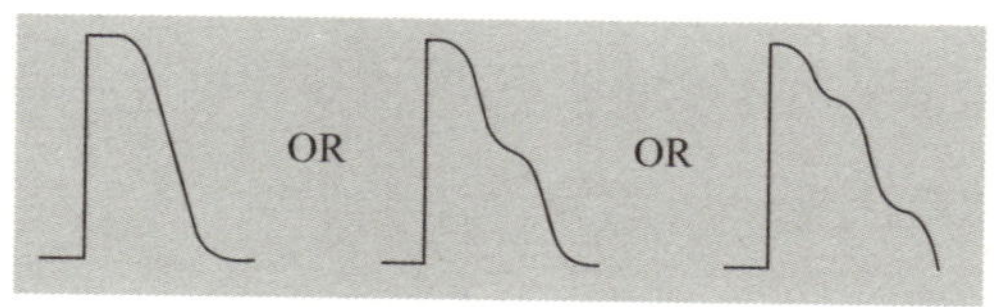

图 6　Ultra 激光轨迹

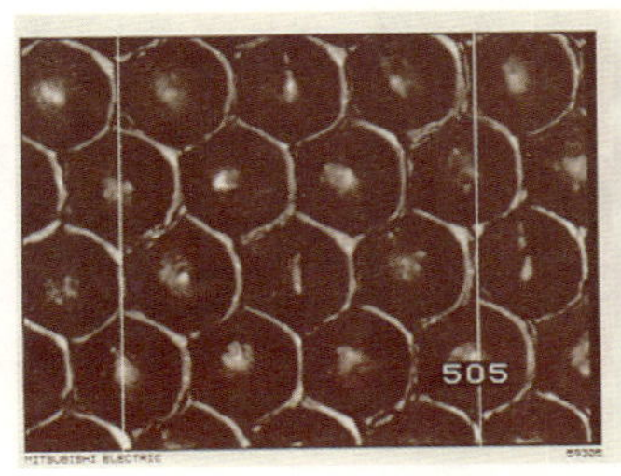

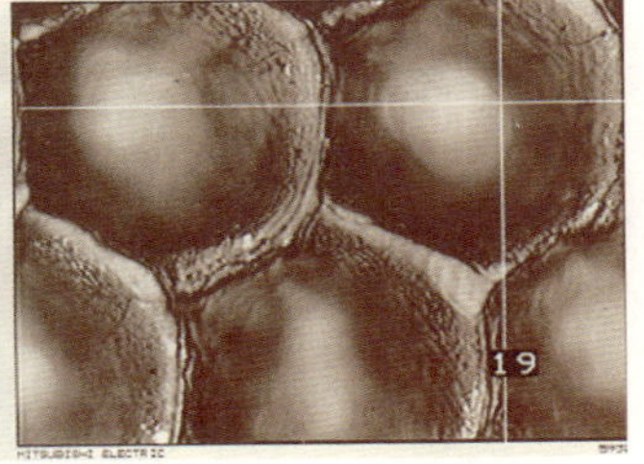

图 7　Ultra 激光网穴放大结构

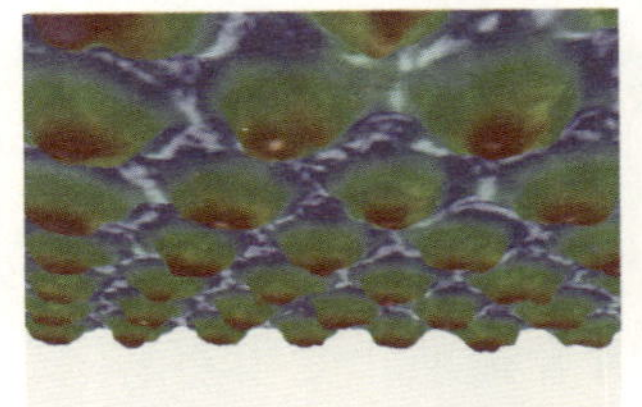

图 8　不容易堵塞的网型

图 9　容易堵塞的网型

（2）开放结构网穴。

目前市场上还有一种使用恒定的、连续的激光进行网纹辊雕刻的方式，其可以带来全开放的网穴结构。这种结构的网纹辊有如下优点。

① 减少了网纹辊表面网墙的占比，扩大了传墨的面积；在保证同等墨量的基础上，网穴雕刻深度可以进一步变浅，使油墨释放更加彻底。

② 随着网墙的减少，使网纹辊制作的可控性增强；可以带来更加精准的储墨和传墨效果，大大提高了柔性版印刷的可复制性。

③ 可以使用更高线数的网纹辊，达到原来高线数印刷所需要但无法达到的实地密度，为需要高线数印刷的“凹转柔”打下坚实的基础。

当然这种开放结构的网纹辊也可以使用脉冲激光进行雕刻，但是如图 10 所示，其底部粗糙；而使用连续恒定式激光（如图 11 所示）则可以得到更干净、光滑的底部，这样可以保证更高的墨量、更高的油墨转移率，并且更加不容易堵塞网纹辊。

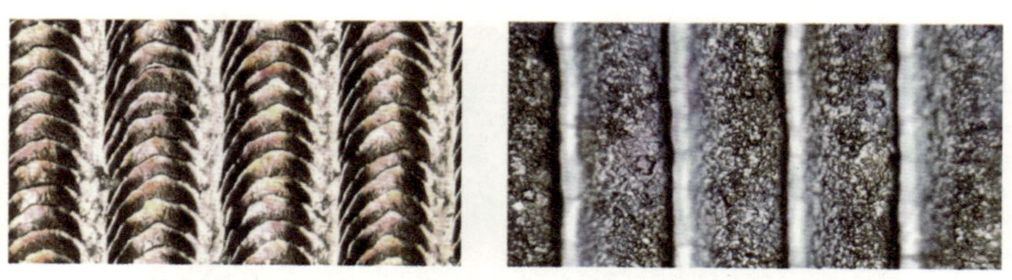

图 10　脉冲式雕刻　　　　图 11　连续恒定式雕刻

二、我们该如何管理我们的“心脏”？

正确及完善的网纹辊管理可以给印刷厂带来巨大的成本节约。

试想一下，通过网纹辊墨量管理可以减少追样次数，节约的时间甚至可以多生产一个订单，也可以让柔印过程管理标准化变得更容易。这都将给印刷厂带去丰厚的利润，同时这些巨大的成本优势潜力将是柔印可以进一步发展的动力。

管理好网纹辊我们必须做到以下几点。

1. 彻底清洁

网纹辊在使用中会发生堵塞，堵塞的快慢取决于网穴雕刻的形状和光滑程度，还受油墨的干燥性能的影响。

对比柔印常用的 UV 油墨和溶剂型油墨，水性油墨的堵塞过程最短。主要原因就是其干燥较快；刮刀压力过大会导致网纹辊表面温度上升，也会加快油墨的干燥。温度过高容易产生钙质，更加容易吸附油墨，导致堵塞，如图 12、图 13 所示。

堵塞会造成网纹辊墨量变低，发生色彩的变化问题，造成追样困难，会给工厂带来巨大的浪费；清洗前后的同一根网纹辊，如图 14、图 15 所示；在清洗前后对网纹辊进行 3D 扫描，如图 16、图 17 所示（图中 3D 图像用颜色表示深度，由浅至深分别为蓝色、绿色、黄色、大红色、玫红色），可见网纹辊的清洗非常重要。

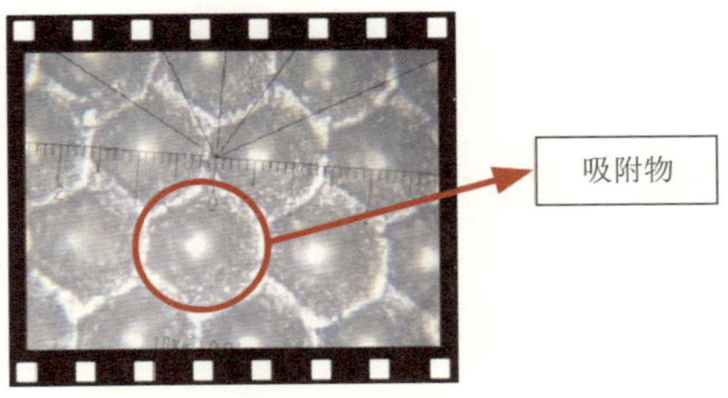

图 12　堵塞的网纹辊网穴

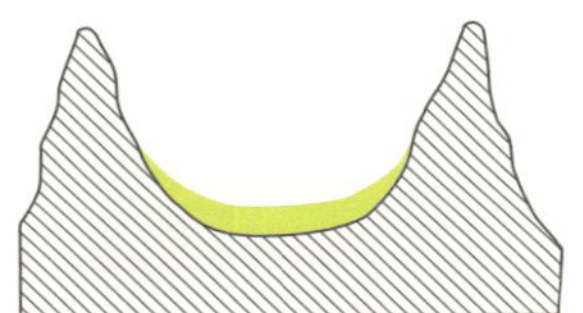

图 13　网穴堵塞剖面

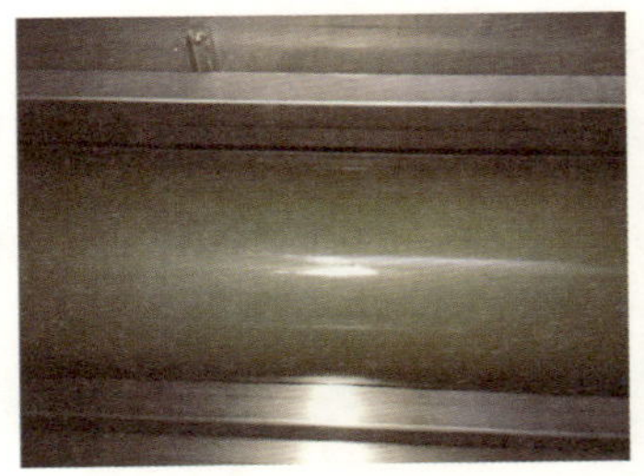

图 14　清洗前的网纹辊

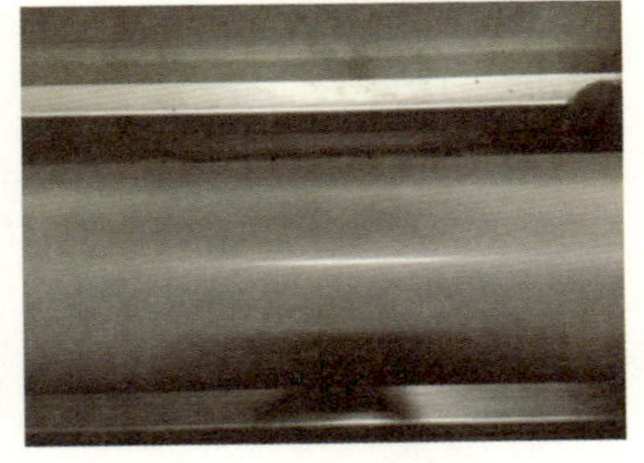

图 15　清洗后的网纹辊

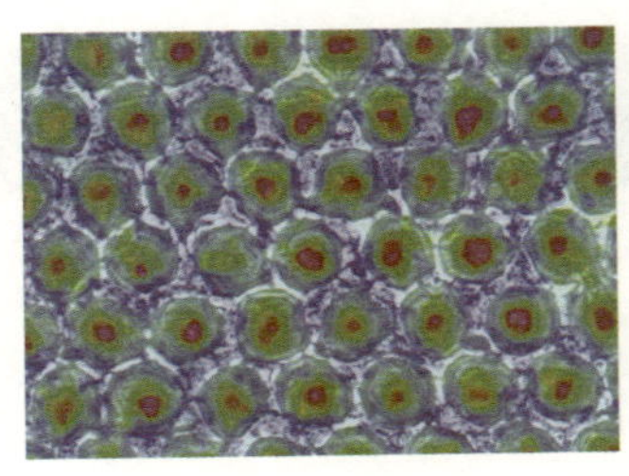

图 16　清洗前的网纹辊 3D 扫描成像

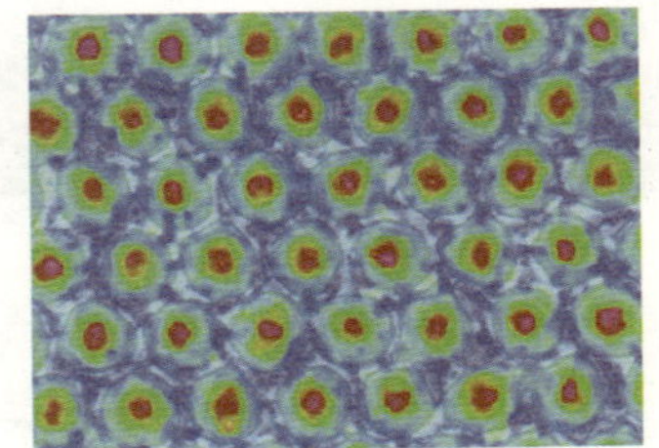

图 17　清洗后的网纹辊 3D 扫描成像

网纹辊清洗应遵循使用完毕立即清洗的原则，这是确保网纹辊保持完好状态的关键。

（1）网纹辊的清洗分为日常清洗、定期清洗和深层清洗三个阶段

① 日常清洗。在每日停止印刷工作后，以及在换单过程中更换网纹辊，需马上对使用过的网纹辊进行清洗。这个清洗需要配置一定比例的清洗液，通常1份清洗药剂兑6～10份的水，而不是简单用水冲洗。注意清洗完毕要用清水冲洗，并用气枪吹干。

② 定期清洗。对工作一周的网纹辊要进行一个更有力的清洗。这个清洗需要配置一定比例的清洗液，推荐1份清洗药剂兑4～6份的水，让清洗液至少在网纹辊表面滞留15min，滞留过程中网纹辊表面不能干。注意清洗完毕要用清水冲洗，并用气枪吹干。

③ 深层清洗。对工作一个月以上的网纹辊进行深层清洗。这个清洗需要在网纹辊清洗设备上，严格按照清洗流程进行操作。

（2）当前状况。

印刷厂对网纹辊清洗的概念已经非常清楚了，但是却很难做到彻底地清洗。很多时候客户说非常注意网纹辊清洗，到现场发现确实清洗过，但是他们都没有彻底清洗，只是表面清洗得很干净，如图18所示，可以看出偏差是非常大的。

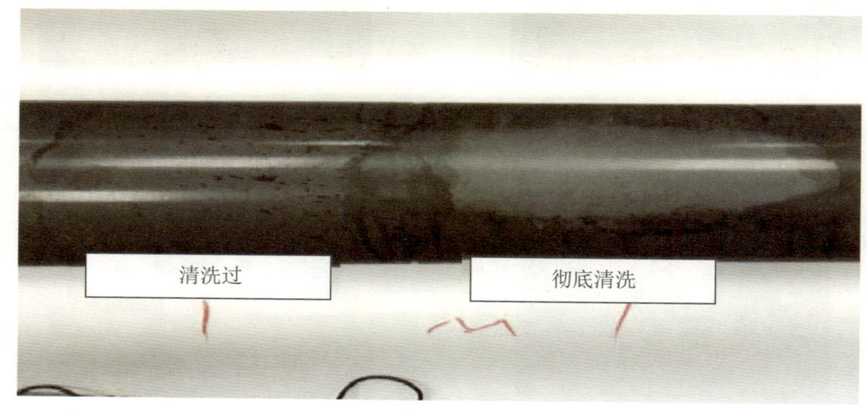

图18 清洗与彻底清洗的区别

我们如何判断是否做到彻底清洗呢？答案是看颜色，彻底清洗的网纹辊颜色是灰色的，这也是网纹辊初始状态的颜色。

（3）案例分析。

通过大量的客户案例跟踪，追溯网纹辊的订购时间，高品质网纹辊在正常刮刀压力下，印刷速度在400m/min以下，使用一年后墨量的损失一般不会超过15%。

如果网纹辊的订购时间不满一年，出现较大的色差，则基本判定为堵塞，清洗后应该可以达到网纹辊验收测试时原有的实地密度值，回到原有实地密度值则视为彻底清洗。也可以使用网纹辊检测仪测量网穴深度、储墨量，与网纹辊初始状态或上一次彻底清洗时数据进行比对，若数据一致也视为进行了彻底清洗。

曾经有一个客户，在网纹辊使用一年后通知需要翻新。一般来说，网纹辊寿命不会那么短，经过现场测试，发现其严重堵塞，他们仅仅把网纹辊表面清洗得非常干净。对这根网纹辊的4个状态进行测试，图19为印刷厂自己清洗过的网纹辊，网穴深度16μm、墨量4.5cm^3/m^2；图20、图21分别为使用不同的清洗药水进行手工清洗，清洗后的测试结果分别为网穴深度18μm、墨量5.6cm^3/m^{2}和网穴深度20μm、墨量5.9cm^3/m^2；图22为在超声波设备中清洗，测试结果为网穴深度22μm、墨量6.8cm^3/m^2。可以看到印刷厂认为已经清洁的网纹辊，在经过彻底清洗后载墨量提升了50%。

这对于印刷厂来说更像是一个投资。此次测试，通过彻底清洗网纹辊这个过程，大大延长了网纹辊的寿命，后续这根网纹辊又工作了1年半。如今这个客户非常重视网纹辊清洗，并定期对网纹辊进行检测。实际上，大部分的印刷厂都没有挖掘出高品质网纹辊的潜力。从做好网纹辊的清洗工作开始，相信一定可以带给印刷厂远远高出投资一根网纹辊的回报。

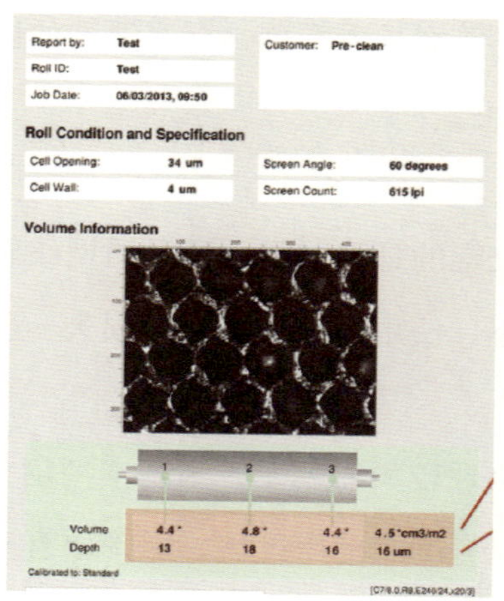

图 19　清洗前测试

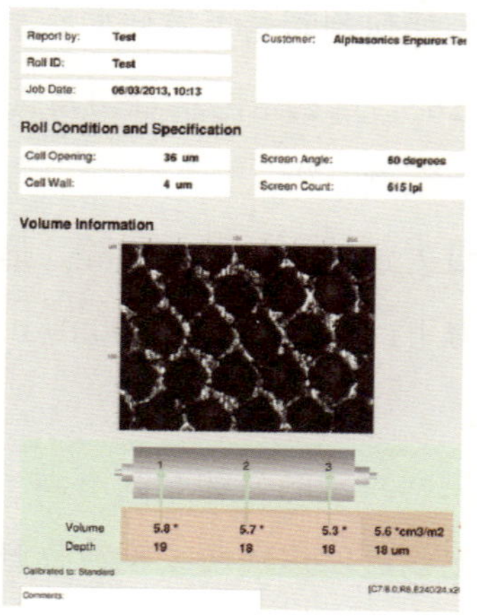

图 20　药水 1 清洗后测试

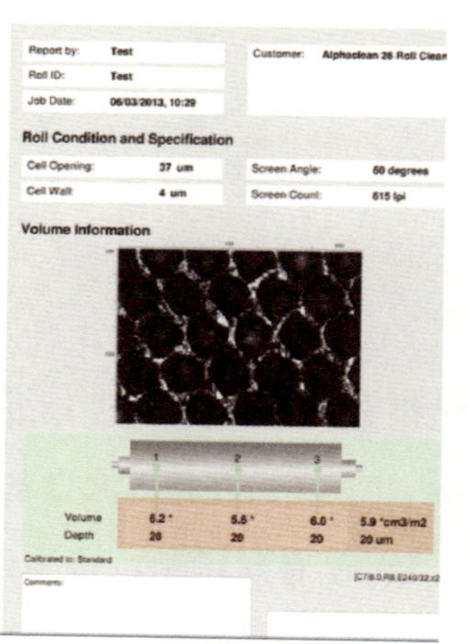

图 21　药水 2 清洗后测试

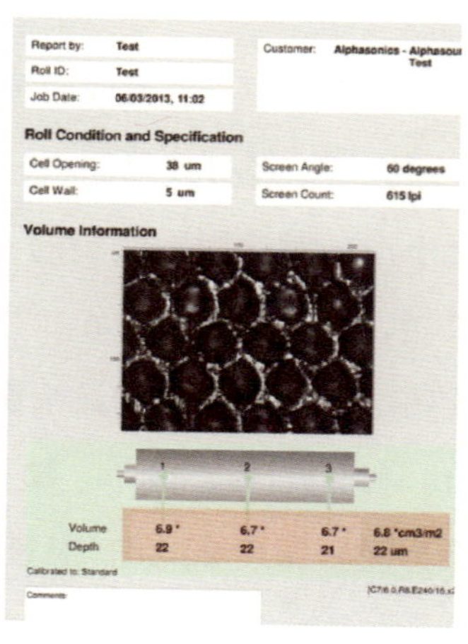

图 22　超声波清洗后测试

2. 定期检测

一根新网纹辊到印刷厂后，往往会带有原始测试数据，比如 800LPI/3.2 BCM。但是在使用过程中网纹辊会发生堵塞、磨损等一系列问题，导致载墨量的变化，如图 23 所示，图中数字表示的不同载墨量（cm^3/m^2）用同一种油墨印刷出来，会有明显的色差。

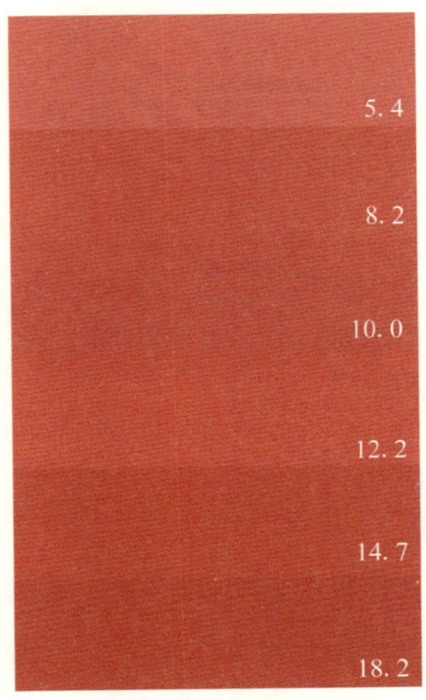

图 23　同一种油墨不同墨量网纹辊印刷色差

我们该如何了解网纹辊在准备印刷前的状态呢？目前有以下两种方法。

(1) 定期用网纹辊进行满版实地的印刷。

看看表面是否有损害，测量印品不同区域的密度值和上一次印刷密度值进行对比，并做好记录作为下一次印刷的依据，这种做法能够比较准确且真实地反映印刷状态下的墨量实际表现。但是存在巨大的承印物、油墨和工时浪费，窄幅标签还可以接受，但是对于宽幅柔印机来说，浪费巨大，不是最好的选择。

(2) 使用专门的网纹辊检测仪。

目前市场上通用的网纹辊检测仪有两个品牌，英国 Troika（如图 24 所示）和美国 Microdynamics。在网纹辊制作过程中检测设备是必不可少的，是质量管控的关键。使用这些设备进行检测可以清楚地知道网纹辊在任何印刷订单准备前的状态；可以减少，甚至不用上机来判定网纹辊是否符合当前的印刷订单生产要求，给工厂带来巨大的成本节约。那么这种网纹辊检测具体给印刷厂带来怎样的帮助呢？

图 24　Troika 网纹辊检测仪

以常见的八色卫星式柔印机为例，如图 25 所示，在生产市场上常见的软包装产品，其网纹辊配置一般如表 1 所示。毫无疑问，如果网纹辊达到表 1 的网纹辊线数和载墨量要求，印刷配置将非常完美，所有的色彩表现可以在最短的时间内完成，将减少印刷准备时间、缩短追样的次数、减少停机次数让订单运行得更加稳定。

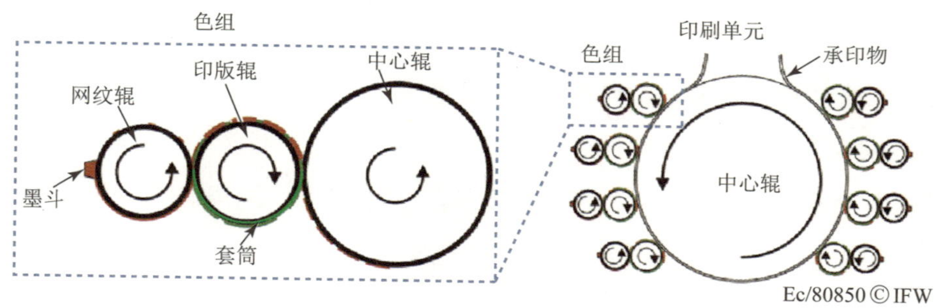

图 25　卫星式柔印机工作原理

表 1　某印刷机的网纹辊配置

色组	印刷类别	网纹辊线数	要求载墨量 cm^3/m^2	实际载墨量 $/cm^3/m^2$				
				操作侧	中间	传动侧	平均值	差异
1	K	800	3.4	3.0	3.1	3.2	3.1	0.3
2	C	800	3.4	3.9	3.8	3.9	3.9	0.5
3	M	800	3.4	3.4	3.4	3.4	3.4	0

续表

色组	印刷类别	网纹辊线数	要求载墨量 cm^3/m^2	实际载墨量 $/cm^3/m^2$				
				操作侧	中间	传动侧	平均值	差异
4	Y	800	3.4	2.8	3.0	2.9	2.9	0.5
5	专色 1	450	6.0	5.6	5.8	6.0	5.8	0.2
6	专色 2	450	6.0	5.4	5.4	5.4	5.4	0.6
7	专色 3	450	6.0	5.9	5.9	6.0	5.9	0.1
8	光油	200	14.0	15.6	15	15.2	15.3	0.7

但是在实际生产过程中，如果按表 1 所示实际载墨量，这样的实际载墨量差异会给印刷带来很大的障碍，势必将出现延长印刷准备时间、多次调整追样、订单生产运行不稳定等问题，带来巨大的浪费。

经过大量的测试，可以得到一个重要的参数，那就是色差 ΔE 不能超过 3.0，因为超过这个数值，人眼视觉就可以感觉出色差。当网纹辊载墨量差异达到 $0.4cm^3/m^2$ 时，色差 ΔE 将达到 3.0，因此我们来设定同一根网纹辊不同部位载墨量的公差范围为 $\pm 0.2cm^3/m^2$。

如表 1 所示实际载墨量的差异，其中一种情况是墨量大于标准值，如表格中四色蓝 C 和光油；还有一种是载墨量低于标准值，如四色黄 Y 和专色 2，原因一般是堵塞或者磨损，如果是堵塞就需要进行彻底清洗。使用网纹辊检测仪将超出公差范围的网纹辊检测出来，不要应用于当前的印刷，将大大缩短该订单的印刷准备时间，给工厂带来巨大的成本节约。

那究竟能够节约多少呢？经过 850 台设备的测试结果表明。

① 通常获得每天生产时间增加 1 小时。

② 在追样过程中减少 15%的材料损失。

③ 减少约 45%的油墨更换时间。

④ 减少追样过程中的油墨浪费。

这些足以吸引你做出改变！你会发现柔印的利润还有很大的潜力挖掘空间。

3. 建立完整的数据库

大数据是最近几年都很流行的词语，平均一个印刷厂网纹辊数量会超过 50 根，未来有新设备投入，这个数字还会增长。一根网纹辊购买回来到最后报废，它判断报废的依据是什么？新制和使用过的网纹辊如何区别和使用？这些在目前的印刷厂里缺乏完整的数据支持，对于网纹辊的使用相当混乱。

使用一根新网纹辊的最大理由是某一根旧网纹辊不能用了。然而新网纹辊的加入会打破原有的平衡，那就需要去建立新的平衡，这样周而复始，带来巨大的浪费。

所以，必须建立印刷厂自己的网纹辊数据库，从网纹辊进入工厂的第一天起，详细地记录这根网纹辊的每一次变化。应该包括如下内容（见表 2）。

① 网纹辊都有唯一的自身编号，根据编号建立网纹辊档案，包括到厂时间、第一次使用时间、线数、载墨量、实际印刷实地密度（验收时按照标准验收工艺进行）。

② 如果有几台印刷设备，网纹辊应与印刷机台相对应。

表 2　某台印刷机的网纹辊参数表

组名	PRESSLINE 3							
辊子数量	23							
辊子编号	制造商	线数	cm^3/m^2	误差	容量	匹配性	上次检测	备注
141408-M-APEX	艾贝斯(Apex)	649	6.1	8%	100%	B 线型作业	08/01/2015	
24284-7-8	桑塔(Sandon)	0	7.1	12%	100%	C 实地	08/01/2015	
63158-26-0	未知	383	20.1	5%	100%	D 涂层	08/01/2015	
64949-2-35	未知	442	1.4	0%	100%	A 工艺作业	08/01/2015	划伤
67673-8-2	未知	451	6.0	0%	100%	B 线型作业	08/01/2015	
67674-8-2	未知	447	7.2	4%	100%	C 实地	08/01/2015	

续表

组名	PRESSLINE 3							
辊子数量	23							
74273-2-35	未知	1146	2.8	7%	100%	A 工艺作业	08/01/2015	
74276-7-8	未知	467	7.3	13%	100%	C 实地	08/01/2015	
74280-6-5	未知	667	4.6	4%	100%	B 线型作业	08/01/2015	
CA1352-4-0	切希尔（Cheshire）	907	3.7	3%	100%	A 工艺作业	08/01/2015	
CA1353-2-25	切希尔（Cheshire）	499	4.4	0%	100%	A 工艺作业	08/01/2015	风墙磨损
CA184-2-25	切希尔（Cheshire）	1318	2.3	13%	100%	A 工艺作业	08/01/2015	
CA185-2-25	切希尔（Cheshire）	0	2.3	4%	100%	A 工艺作业	08/01/2015	陶瓷损坏
CA1870-4-0	切希尔（Cheshire）	884	3.1	0%	100%	A 工艺作业	08/01/2015	
CA1872-5-4	切希尔（Cheshire）	779	4.5	4%	100%	A 工艺作业	08/01/2015	
CA4927-5-4	切希尔（Cheshire）	863	3.8	12%	100%	A 工艺作业	08/01/2015	
CA552-7-8 3PECIAL	切希尔（Cheshire）	0	9.4	3%	100%	D 涂层	08/01/2015	
CA7751-6-5 NO NAME T...	切希尔（Cheshire）	580	7.6	1%	100%	C 实地	08/01/2015	
CA7752-6-5 SPECIAL	切希尔（Cheshire）	517	6.8	25%	100%	C 实地	08/01/2015	
CA7753-3-0 SPECIAL	切希尔（Cheshire）	819	3.2	9%	100%	A 工艺作业	08/01/2015	
CA9090-7-8 SPECIAL	切希尔（Cheshire）	507	9.2	2%	100%	D 涂层	08/01/2015	
CA9092-7-8	切希尔（Cheshire）	0	10.3	7%	100%	D 涂层	08/01/2015	
CE874281-3-8	切希尔（Cheshire）	0	3.7	3%	100%	A 工艺作业	08/01/2015	

③ 设定一个警戒线，当网纹辊载墨量数据低于这个警戒线时，此网纹辊不能应用于四色印刷或某种特定印刷。现实中有一个普遍存在的现象，因为网纹辊价值较高，印刷厂希望网纹辊用到极致才会更换。这样的做法实际上是不可取的，因为网纹辊磨损后，载墨量变低，印刷色浓度下降，需要重新调整油墨参数才能追回到原有的状态；磨损越大，后面的补偿和调整时间就越长，在这个期间印刷厂实际的成本消耗要远远大于订购一根新网纹辊。因此对于磨损的限度警戒线制定，对于印刷厂稳定生产以及成本节约有着积极、重要的意义。

④ 对于四色印刷的网纹辊进行固定使用，对应到 CMYK 具体的颜色。通过数据库记录，我们可以轻易地找到符合印刷状态的网纹辊，可以有效减少印刷准备时间、减少追样的调整次数，带来巨大的成本节约。

⑤ 记录每一次的检查情况、每一次的清洗时间以及清洗后的数据，这样就可以完全掌握一根网纹辊从初始到终止的整个过程，给网纹辊资产管理建立一套完整的数据。如表 3 就是某根网纹辊的历史数据清单，图中使用颜色标识网纹辊状态，绿色表示安全；黄色需要预警；红色则表示不能用于印刷，需要检查原因并采取行动。

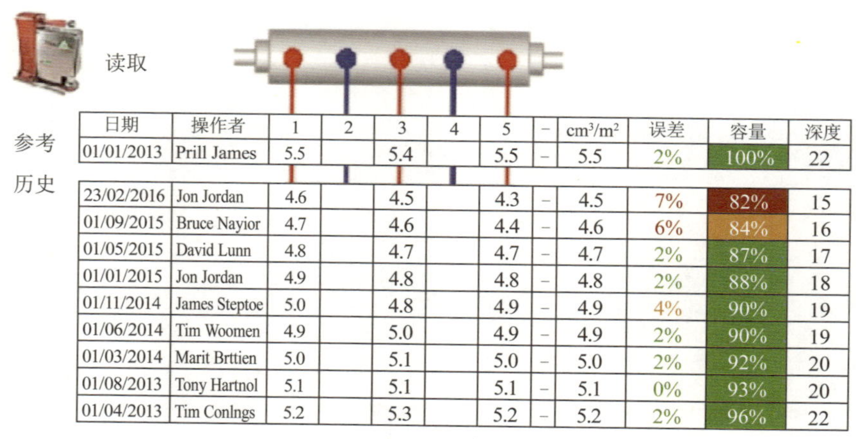

日期	操作者	1	2	3	4	5	-	cm³/m²	误差	容量	深度
01/01/2013	Prill James	5.5		5.4		5.5	-	5.5	2%	100%	22
23/02/2016	Jon Jordan	4.6		4.5		4.3	-	4.5	7%	82%	15
01/09/2015	Bruce Nayior	4.7		4.6		4.4	-	4.6	6%	84%	16
01/05/2015	David Lunn	4.8		4.7		4.7	-	4.7	2%	87%	17
01/01/2015	Jon Jordan	4.9		4.8		4.8	-	4.8	2%	88%	18
01/11/2014	James Steptoe	5.0		4.8		4.9	-	4.9	4%	90%	19
01/06/2014	Tim Woomen	4.9		5.0		4.9	-	4.9	2%	90%	19
01/03/2014	Marit Brttien	5.0		5.1		5.0	-	5.0	2%	92%	20
01/08/2013	Tony Hartnol	5.1		5.1		5.1	-	5.1	0%	93%	20
01/04/2013	Tim Conlngs	5.2		5.3		5.2	-	5.2	2%	96%	22

表 3　某根网纹辊历史数据

做到这三点，需要日常的管理工作做得非常细致，制定详细的工作流程和明确岗位责任制，需要专门的团队来完成这项工作。

毫无疑问，管理好柔印的“心脏”让它保持续稳定的供墨，是保证健康生产的关键所在。哪家印刷厂能够做到这些，那么他们就会拥有更强的竞争优势！这些问题应该引起印刷厂的关注，这些隐藏的利润是未来战胜竞争对手的关键。

三、结束语

通过对网纹辊结构工艺的了解，其本身的品质确实存在着差异，而这些差异带来的损失和收益都远远大于网纹辊本身的价值。

通过对网纹辊进行科学的管理，发现这项工作可以创造价值。我们需要一个强大的“心脏”，首先我们要做到善待这颗“心脏”，让网纹辊产生利润，这是我们努力的方向。

（原载于 2019 年 4 月《CI FLEXO TECH》）

柔印的色彩管理和标准化

莫春锦 郭森

近年来，包装印刷行业多品种、小批量、高质量生产已成为一个重要的发展趋势。为了应对这样的市场趋势，印刷企业必须向标准化和色彩管理转型，这样才能既提高、稳定质量，又保证生产效率。

在包装印刷行业，胶印工艺的标准化和色彩管理发展得比较早，也日趋成熟，已经发展出一套完善的色彩管理体系，比如 FOGRA、G7、GMI 等。很多胶印企业已经采用这些体系并取得相关认证。据不完全统计，全国有近 1000 家印刷厂已通过各类色彩管理体系认证。

但是对柔印而言，印刷标准化和色彩管理才刚刚起步。在柔印行业，也有类似于胶印 G7、GMI 这类的规范和认证体系，即美国柔印协会（FTA）的 FIRST 规范体系和认证。目前该体系已经取得一些品牌商的认可，如通用磨坊（General Mills：哈根达斯、湾仔码头、妙脆等），金佰（Kimberly Clarke：舒洁等）等。

对于柔印产品，主要采用下列标准和规范。

（1）国际标准 ISO 12467—6。

（2）国家标准 GB/T 17934.6—2014（修改采用 ISO 12467-6）。

（3）FIRST 规范 / 认证（Flexographic Image Reproduction Specifications and Tolerances），1997 年第一版，2017 年已推出 6.0 版本。

由于前两者相对比较容易掌握，本文内容主要依据 FIRST 6.0 展开。

一、FIRST 6.0 主要特点

1. 广泛的行业参与方

行业协会如美国柔印协会（FTA）、欧洲柔印协会（EFTA）、德国柔印协会（DFTA）等，都参与了FIRST规范的制定。

行业一些主流的印前和印刷企业如硕科、SGS、Phototype、当纳利（RRD）等，主流的材料和设备供应商如富林特、盛威科、爱色丽、杜邦、IGT等，也都参与其中。

2. 内容完整

内容包含设计、制版、印刷三大部分，明确各部分的工作内容、相应要求等。

定义了规范的印刷标准化流程三步骤：印刷机优化、指纹印刷（Fingerprint Printing）、特征化。

3. 包括四个部分的完整认证体系

（1）Certified Press Operator 认证印刷操作员。

（2）Certified Implementation Specialist 认证实施专家。

（3）Certified Company（Printer）认证印刷厂。

（4）Certified Prepress Prodacer 认证印前制作员。

二、印刷标准化流程三步骤

和所有其他印刷方式一样，柔印的色彩管理也是建立在柔印的印刷标准化基础之上的，主要遵循以下三个步骤。

1. 印刷机的优化

印刷机的优化是标准化的基础和核心环节。印刷机的状态直接影响印刷质量，波动越小的印刷机越理想，这种波动包含了空间和时间上的波动。空间是指同一版面不同区域要保持密度、网点扩大状态的一致；时间是指在不同时间印刷时都能达到一致的效果。进行印刷机优化时，要考虑多方面因素，如 UV 灯的强度、干燥时间、放卷收卷张力、印刷压力、套印精度等。此外还有作业因数，如承印物的性能、油墨性能、涂层、印版类型、胶带、网纹辊、套筒等。FIRST 6.0 认证中推荐的印刷机优化测试图如图 1 所示。

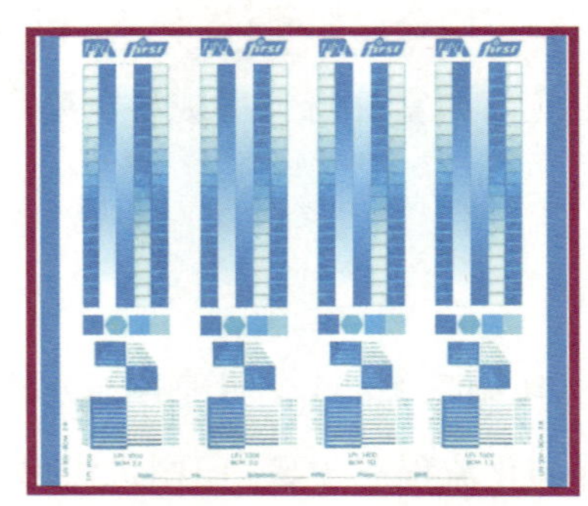

图 1　FIRST6.0 推荐的印刷机优化测试

2. 指纹印刷

在印刷机优化完成后，优化并记录稳定的可以重复的印刷质量，如密度、色差、印刷反差、叠印、网点扩大、灰平衡、条码级别等，作为印刷机今后的标准。在这里，尽可能地控制好网点扩大，优先级高于密度控制。

3. 特征化

通过测量色表得到 ICC（建议取不连续的 10 张色表测量后的平均数值）。

以上三个步骤是基本的印刷标准化流程，在此基础上才可以建立良好的色彩管理。

三、色彩标准化工作注意事项

1. 标准观察环境

在 ISO 标准中，ISO 3664—2009 要求的看样环境要符合 5 个要求：光源颜色质量、光源照度、几何结构、光强度均匀性、光源背景色（孟塞尔N8）。

在光源颜色质量部分，除了色温（如D50：5000K）、显色指数＞90、照度（2000±500）lx以外，特别强调光谱能量中UV部分的光源能量必须达标。达到标准后，观察光源就可以与测量仪器的M1模式相匹配了。

对于观察样品时应该采用什么光源，不同品牌商有不同要求，但有一点需要明确，印刷厂必须和品牌商的观测光源相同。同样地，测量仪器也需要与观察环境的光源设置相同。例如，有的知名品牌商要求颜色测量时，四色使用D50，专色使用D65。相应地，看样台也应选择双光源的D50/D65，比如GTI的CVX-3025/DS光源。

仪器有助于客观量化颜色，但在实际应用中，操作人员的视觉判断也同样重要。这就要求操作人员对颜色具有一定的敏感度与准确性。爱色丽公司开发的ASTM1499/孟赛尔视觉测试（见图2），用于操作人员对颜色敏感度的测试。

图2 ASTM1499/孟赛尔视觉测试

2. 印版检测与控制

目前很多制版公司或印前公司印版检测的自动化程度越来越高。出版网点的控制精度显得尤为重要，需要使用如FAG柔版网点检测仪等。对于胶片和Laser Ablative Mask，需要使用透射密度仪，后者密度不小于3.0，胶片不小于4。FIRST6.0对于印版网点误差的规定和监控如下所示。

网点误差要求：2% ～ 9%，±0.5%；10% ～ 24%，±1%；25% ～ 39%，±1.5%；40% ～ 49%，±1.75%；50% ～ 98%，±2%。

表 1　FIRST6.0 总结的承印物特性对印刷质量的影响以及相关测试标准一览表

承印物特性对印刷质量的影响				
承印物特性	承印物特征（涂布和非涂布纸制产品可使用类似的测试方法，但明显具有不同特征）			
	薄膜	瓦楞	纸张	纸板
老化 / 褪色	目视评价	目视评价	目视评价 T453 sp-97；T544 sp-97	目视评价 T453 sp-97；T544 sp-97
亮度	±3%；T452 om-98	±3%；T452 om-98	±3%；T452 om-98 ISO 2470:1999	±3%；T452 om-98 ISO 2470:1999
厚度 / μm	±10% T411 om-98	±0.005 英寸 T411 om-98 ISO 3034	±10% T411 om-98；ASTM D645 T551；ISO 534	±0.001 英寸 T411 om-98；ASTM D645 T551；ISO 534
雾度	自定义 10%；ASTM D1003	目视评价	目视评价	目视评价
颜色	自定义；ΔE ＜ 4.00 ISO 11745:2004 ISO 5631	自定义；ΔE ＜ 4.00 T524 om-94；T562 ISO 11475:2004	自定义；ΔE ＜ 4.00 T524 om-94；T562 ISO 11475:2004	自定义；ΔE ＜ 4.00 T524 om-94；T562 ISO 11475:2004
摩擦系数	自定义 ±30%；ASTM D1894-95	自定义；＞ 8° T815；T549	自定义；T815；T549	自定义；＞ 18° T815；T549
方向稳定性	标准 ±0.010 英寸	标准 ±0.0625 英寸	标准 ±0.005 英寸	标准 ±0.005 英寸
杂质颗粒	可视的 ＜ $2.0mm^2/m^2$	目视评价	目视评价	目视评价
平整度	通过 / 不通过	直边 ＜ 0.25 英寸 / 英尺	通过 / 不通过 ISO 11556:2005	通过 / 不通过 ISO 11556:2005
成分	N/A	目视评价	目视评价	目视评价
光泽度	自定义 ±5%	N/A	自定义 ±2%；T425 om-96 ISO 2471:1998	自定义 ±2%；T425 om-96 ISO 2471:1998

续表

承印物特性对印刷质量的影响				
承印物特性	承印物特征（涂布和非涂布纸制产品可使用类似的测试方法，但明显具有不同特征）			
	薄膜	瓦楞	纸张	纸板
油墨吸收性	N/A	分光光度计自定义；$\Delta E < 4.0$	分光光度计自定义；$\Delta E < 4.0$	分光光度计自定义；$\Delta E < 4.0$
水分含量	N/A	5.5%；±2%；T412 om-02	5.5%；±1.5%；T412 om-02	5.5%；±1.5%；T412 om-02
不透明度	自定义 ±5%	N/A	自定义 ±2%；T425 om-96 ISO 2471:1998	自定义 ±2%；T425 om-96 ISO 2471:1998
孔隙度	N/A	自定义油墨颜色匹配 ±10%	分光光度计自定义；±10% T460 om-96 T547；ISO 8791-4	分光光度计自定义 ±10% T547
光滑度	有浮雕感	自定义 T538 om-96	自定义 T538 om-96；T555 pm-94 T575 om-07；ISO 8791-3	自定义 T538 om-96；T555 pm-94 T575 om-07；ISO 8791-3 ISO 8791-4
表面强度	N/A	目视评价	目视评价	目视评价
表面张力	达因值 ±2%；T552 pm-92	自定义 ±2%；T552 pm-92	自定义 ±2%；T552 pm-92	自定义 ±2%；T552 pm-92
瓦楞	N/A	目视评价	N/A	N/A

3. 网纹辊

网纹辊主要有金属网纹辊和陶瓷网纹辊两种，印刷密度与清晰程度和它有很大关系。网纹辊的参数除了线数以外，还有一个关键的参数是载墨量（BCM）。新采购网纹辊的载墨量是否符合要求，以及使用过的旧网纹辊载墨量是否还符合要求等问题，可咨询专业的网纹辊供应商。

4. 承印物

承印物的性能是印刷质量监控的重要因素之一，如表面张力、耐磨性能、不透明度、白墨遮盖度、材料厚度等。这些因素如果没做好标准管控，将会严重影响质量和生产效率。目前符合国际标准的测量仪器有 HANATEK、摩擦系数仪 AFT、精密测厚仪 RT4 等。

5. 油墨

油墨的基本参数有油墨颜色、透明度、黏度、黏性等。印刷油墨除 CMYK 基色外，还有各种专色。对于配出的专色能否符合要求，可以用符合国际标 ISO 2834 的展色仪（见图 3）将颜色展开，进行验证。通过目测或者分光光度仪（积分球分光仪适用于金银卡纸等高反光表面材料，Exact XP 适用于薄膜和普通纸张材料）来进行检测。

图 3 IGT F1 展色仪

图 4 表示油墨厚度与色差的关系。1、2、3 分别代表 3 种油墨，从图中可以看出，只有 1 号油墨符合要求；2 号油墨无论墨量多少，色差都会超过 5；而 3 号油墨需要在墨量非常大的时候，色差才符合要求，而这个墨量已经远远超出了印刷所能达到的范围。

（1）ISO 2846：油墨颜色与透明度

印刷品的颜色测量不是本小节重点，但需要特别强调的是网点的测量。由于柔印产品有不少是低线数印刷，因此在测量网点时，对测量仪器的孔径就有一定的要求。如果用很小孔径的仪器测量低线数的印刷品，往往导致测量数据不稳定。为此，如果线数低于 100lpi，推荐使用 4mm 或以上的测量孔径。表 2 是 FIRST 6.0 推荐的不同柔印产品四色印刷的密度参考值。

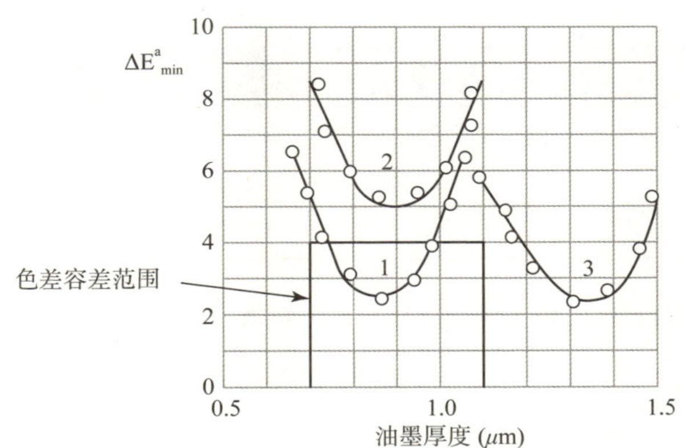

图 4　油墨厚度与色差的关系

（2）专色的配色

对于包装印刷，专色非常常见，如潘通专色或客户自定义的专色。目前大部分印刷厂都有自己的油墨房进行配色。不少印刷厂还是传统的依靠技术员主观经验进行配墨。这个方法对技术员操作经验要求相当高，而且每位技术员的操作习惯、展色的墨量都不一样，配专色时容易造成误差，效率低、成本高。

现在已经有不少印刷企业开始采用电脑配色系统，该系统能否成功应用的关键是建立和维护好油墨数据库。

表 2　实地油墨密度表

实地油墨密度 （密度取决于一系列印刷因素，在印刷机优化和指纹印刷期间确定最佳密度）												
油墨	青色			品红色			黄色			黑色		
	最小值	目标值	最大值	最小值	目标值	最大值	最小值	目标值	最大值	最小值	目标值	最大值
纸制产品	1.30	1.35	1.40	1.20	1.25	1.30	0.95	1.00	1.05	1.45	1.50	1.55
薄膜产品	1.25	1.30	1.35	1.15	1.20	1.25	0.95	1.00	1.05	1.35	1.40	1.45
报纸	0.95	0.97	0.99	0.93	0.95	0.97	0.77	0.79	0.81	1.03	1.05	1.07

续表

实现色彩平衡的过程（如何确定印刷机的目标密度）		
与油墨供应商合作	第一优先级：指定每个油墨色调值	第二优先级：检查灰平衡
	第三优先级：确认网点扩大	第四优先级：获得实地油墨密度（无孔隙）

建立油墨数据库时，推荐采用符合国际标准的、接近实际印刷的展色仪，如 IGT 展色仪（F1 柔印），结合分光密度仪和配色软件，对基本油墨在不同冲淡比例时的颜色进行采集。

由于油墨、承印材料的批次变化，需要及时对数据库进行更新和维护。有些客户的电脑配色系统效果不好，关键原因就是没有对其更新和维护。

现在的电脑配色软件已经可以考虑油墨的黏度参数。做好油墨数据库的建立和维护后，在特定的黏度下，系统会提供合适的配方。黏度发生变化时，系统会自动修改配方，并从基础数据库里给出的配方修正一两次就能达到理想值。

当然，印刷标准化和色彩管理是一项系统工程。对于印刷企业来说，不能好高骛远，在基础标准化工作未做好时就期望可以得到很好的色彩管理效果是不现实的。还是要脚踏实地，先从基础工作开始，再逐步走向完整的色彩管理流程，从而达到质量和效率的双丰收。

（原载于 2019 年 10 月《印刷杂志·中国柔印增刊》）

油墨产品生命周期评价方法与案例分析

许张根

2016 年 12 月国务院办公厅印发《关于建立统一的绿色产品标准、认证、标识体系的意见》（国办发〔2016〕86 号），文件确定了绿色产品评价方法与指标体系，其中，绿色产品的评价方法是生命周期评价法（Life Cycle Assessment，LCA）。2016 年 6 月 30 日，工信部制定了《工业绿色发展规划（2016—2020 年）》，提出：建立工业绿色设计产品标准体系，制定绿色产品评价标准，目前中国轻工联合会根据工信部部署正在组织编制《绿色设计产品评价技术规范　油墨》，在满足评价指标标准体系要求的基础上，采用生命周期评价方法，开展生命周期影响评价，将环境影响评价结果作为产品生态设计评价的重要参考依据。

一、什么是生命周期评价

每一个产品都经历了从最初的资源开采、中间各种原料与能源生产、产品生产、使用、废弃和再生利用的过程，这称之为产品的生命周期。正是在产品的生命周期过程中，产生了各种资源和能源消耗、环境污染物排放，从而引发各种资源环境影响和问题。

生命周期评价是对产品的整个生命周期——从原材料获取到设计、制造、使用、循环利用和最终处理等，定量计算、评价产品的资源能源消耗以及污染物排放环境影响的技术和方法。生命周期评价既是一种环境管理工具，也是一种预防性的环境保护手段，其通过对产品生命周期的全过程所涉及的环境问题进行分析和评价，从而帮助决策者做出更优的选择。目前其应用已经覆盖了整个工业社会，既可用于企业产品开发与设计，又可以有效地支持政府制定工业发展战略及相关环境政策，同时也可提供明确的绿色设计产品判别标准，进而引导消费者的绿色消费行为。

生命周期评价研究始于 1969 年，由美国中西部资源研究所（MRI）开展的针对可口可乐公司饮料包装瓶的研究。该研究定量化对比分析塑料瓶和玻璃瓶全生命周期的资源使用和环境排放情况，肯定了塑料瓶的优越性。

20 世纪 90 年代联合国环境署开始参与并全球推广，国际标准化组织（ISO）在 1997 年发布了第一个生命周期评价国际标准《生命周期评价原则与框架》（ISO14040），此后 ISO 制定了《生命周期评价要求和指南》（ISO14044）。我国在 ISO14040、ISO14044 基础上于 2008 年编制了国家标准 GB/T24040 和 GB/T24044。

二、产品生命周期评价方法

根据 ISO14000 系列标准的定义，生命周期评价是对一个产品或系统的生命周期中输入、输出及潜在环境影响的汇编和评价。产品生命周期评价方法主要有目标与范围定义、生命周期清单分析、生命周期影响评价和生命周期解释四个步骤（见图 1），具体如下。

1. 生命周期评价目标与范围定义（Goal and Scope Definition）

生命周期评价的第一步是确定研究目标与界定研究范围。生命周期评价的目标与范围定义影响着产品生命周期评价的建模与数据收集过程，也影响着产品生命周期评价的结果分析。清晰地定义产品生命周期评价的目标与范围，是进行产品生命周期评价工作的前提。

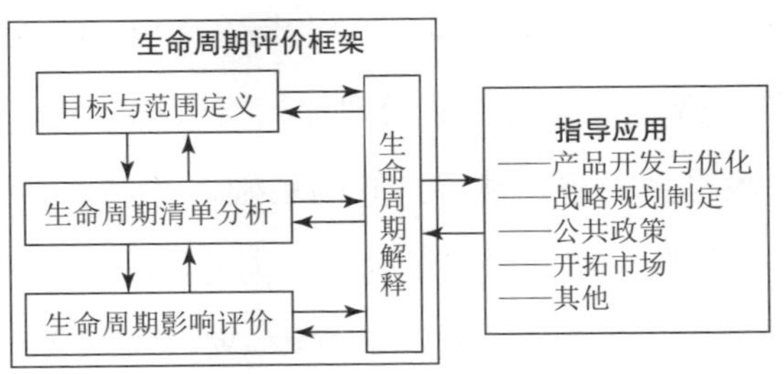

图 1　生命周期评价框架

该阶段主要工作：确定评价活动对象、目的、原因和可能应用的领域；确定评价活动的系统边界、数据质量要求（数据取舍规则）和环境影响类型。

目前生命周期评价系统边界主要有两种："从摇篮到大门"的生命周期模型和"从摇篮到坟墓"的生命周期模型。第一种是指产品生命周期评价建模与数据收集从产品组成的每个原辅材料的所有生命阶段，包括从自然界获取的原材料和能源，到加工过程中的各类中间产品直至最后的成品。第二种"从摇篮到坟墓"的生命周期模型评价是指在"从摇篮到大门"的生命周期模型基础上，向下游追溯产品的使用过程与废弃处理过程，如图 2 所示。

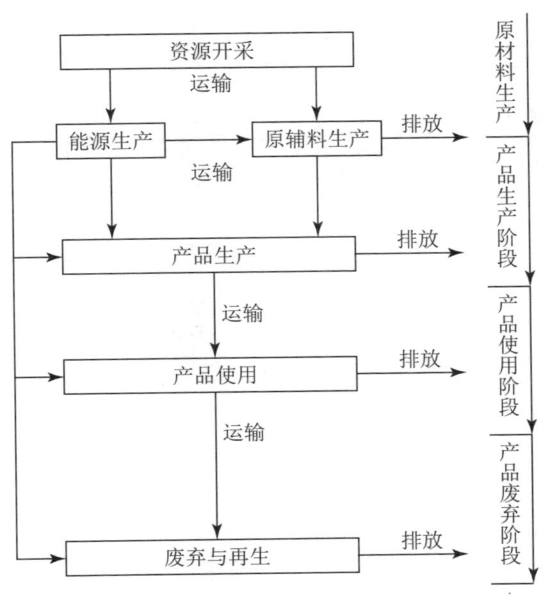

图 2　产品生命周期评价系统边界

2. 生命周期清单分析（Life Cycle Inventory Analysis）

生命周期清单分析的核心是生命周期建模与数据收集，通常是LCA工作中最耗时的部分，也是生命周期清单计算的基础，通过计算得到生命周期总的资源消耗与环境排放清单，由此以定量的方式描述产品与环境的联系。

其中，生命周期模型是在单元过程数据收集的基础上建立的。数据来源分为两种类型：初级数据和次级数据。初级数据是指根据实际生产过程中的统计记录、监测报告、行业统计、文献资料调查得到的原始数据，按照适当的算法，经过计算成为过程的清单数据集。次级数据是指从已有的产品生命周期评价基础数据库、行业数据库或企业数据库中获得产品或服务的数据清单。收集得到产品生命周期评价模型和过程数据后，通过专业产品生命周期评价软件，将各个过程的清单数据累积加在一起，得到生命周期清单结果。

简单讲该阶段的工作，是根据目标与范围定义阶段所确定的研究范围建立生命周期模型，做好数据收集准备；然后进行单元过程数据收集，并根据数据收集进行计算，汇总得到产品生命周期的清单结果（见图3）。

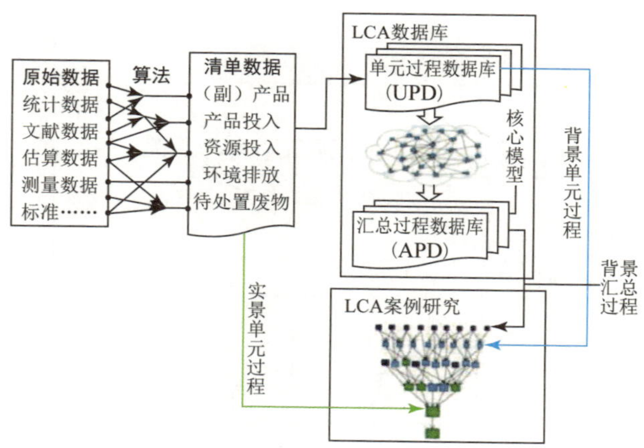

图3　生命周期清单分析的具体工作步骤

3. 生命周期影响评价（Life Cycle Impact Assessment）

生命周期影响评价是基于生命周期清单结果，合并同类的资源消耗（如不可再生资源消耗、初级能源消耗、水消耗等）和各种类型的环境影响（如全球变暖、酸化、富营养化、生态毒性等），得出相应环境影响类型的评价指标，用以评价产品在全生命周期过程中对某类资源环境潜在的影响程度。

生命周期影响评价的目的，是根据清单分析阶段的结果对产品生命周期的环境影响进行评价。如表 1 所示，为欧盟列出的 14 类环境影响类型和方法选择。

表 1　环境影响类型

环境影响类型与指标	影响类型指标单位	主要清单物质
气候变化	kg CO_2 eq.	CO_2,CH4,N_2O……
臭氧层消耗	kg CFC-11 eq.	CCl_4,$C_2H_3Cl_3$,CH_3Br……
生态毒性——淡水	CTUe	HF,Hg^{2+},Be……
人体毒性——癌症	CTUh	As,Cr,Pb……
人体毒性——非癌症	CTUh	Hg^{2+},HF,TI……
可吸入无机物	kg PM2.5 eq.	CO,PM10,PM2.5……
电离辐射——人体健康	kg U235 eq.	C-14,Cs-134……
光化学臭氧合成	kg NMVOC eq.	C_2H_6,C_2H_4……
酸化	mol H^+eq.	SO_2,NO_x,NH_3……
富营养化——陆地	mol N eq.	P,N……
富营养化——水体	kg P eq./kg N eq.	NH_4-N……
资源消耗——水	m^3	H_{20}
资源消耗——矿物、化石	kg Sb eq.	Fe,Mn,Coal……
土地占用	m^2	土地占用

4. 生命周期解释（Life Cycle Interpretation）

生命周期解释是指根据已确定的研究目标和范围，对各项产品生命周期评价结果进行清单灵敏度分析、过程贡献分析、改进潜力分析，系统地评估产品全生命周期各过程中的能源、原材料消耗和环境排放的减量机会，以及各环节的改进潜力，从而形成评价结论和改进建议。

三、LED-UV 黑色油墨产品生命周期评价

杭华油墨股份有限公司2016年被工业和信息化部选定为工业产品生态设计（绿色）示范企业创建单位。以此为契机，杭华油墨股份有限公司与四川大学合作，选择全植物油黑色油墨和LED-UV黑色油墨两个品种进行产品生命周期评价。杭华油墨股份有限公司采用四川大学LCA分析软件eFootprint，建立LED-UV黑色油墨生命周期模型，得到1kg LED-UV黑色油墨生命周期评价结果。

1. 生产各过程累积贡献分析

分析结果如表2、图4所示。

表2　1kg LED-UV油墨（含包装）生命周期各过程LCA结果

阶段	GWP	PED	WU	AP	EP	RI	POFP
松香生产	0.07%	0.04%	0.14%	0.03%	0.03%	0.01%	0.01%
丙烯酸树脂生产	8.42%	8.47%	14.67%	11.41%	9.86%	6.78%	9.27%
凡立水生产	46.38%	46.15%	54.39%	43.13%	34.07%	51.41%	40.37%
油墨生产	38.69%	40.75%	24.05%	40.23%	46.43%	32.36%	43.20%
油墨包装	6.44%	4.59%	6.75%	5.20%	9.61%	9.44%	7.15%
合计	100.00%	100.00%	100.00%	100.00%	100.00%	100.00%	100.00%

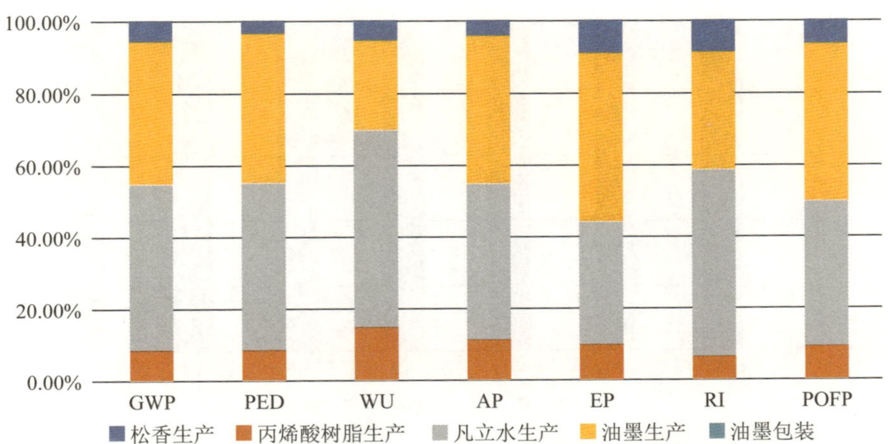

图 4　1kg LED-UV 油墨产品生命周期各过程对资源环境影响的贡献

2. 生产各阶段累积贡献分析

（1）上游：指从松香生产到油墨出厂全过程用到的物料、能源和资源的生产过程。

（2）运输：从松香生产到油墨出厂全过程用到的物料、能源的运输过程。

（3）油墨生产：从松香生产到油墨出厂的企业内部生产过程，主要包括现场温室气体排放、危险废水处理和固废处理等过程。

（4）包装：主要指油墨产品包装材料的生产过程。

分析结果如表 3、图 5 所示。

表 3　1kg LED-UV 油墨（含包装）生命周期各阶段对环境影响的相应贡献

类型	GWP	PED	WU	AP	EP	RI	POFP
上游	90.93%	94.60%	92.52%	87.67%	80.36%	87.49%	86.59%
运输	1.51%	0.73%	0.41%	6.83%	9.80%	2.93%	6.22%
油墨生产	1.14%	0.08%	0.32%	0.35%	0.30%	0.16%	0.08%
包装	6.42%	4.59%	6.75%	5.15%	9.54%	9.42%	7.11%
合计	100.00%	100.00%	100.00%	100.00%	100.00%	100.00%	100.00%

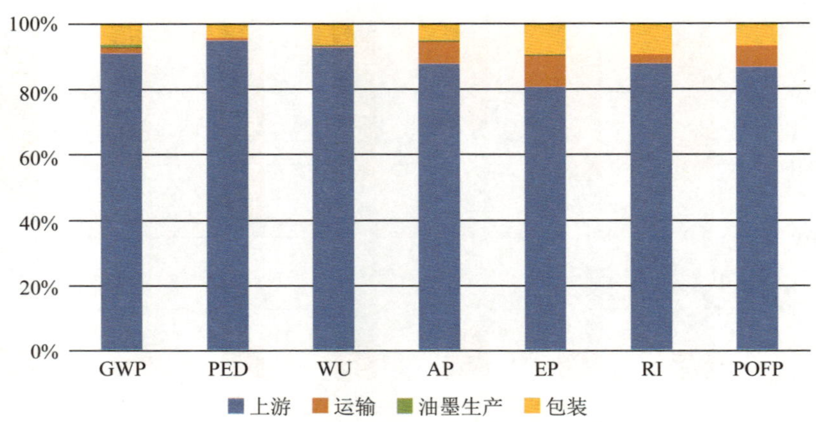

图 5　1kg LED-UV 油墨产品生命周期各阶段对环境影响的相应贡献

3. 结论与建议

通过过程累积贡献分析、清单灵敏度分析，发现凡立水（油墨半成品）生产和油墨生产工序是 LED-UV 油墨生命周期过程中对各资源环境指标贡献最大的两个过程。因此低环境影响的丙烯酸酯供应商的选择和天然聚合单体的替代，是凡立水绿色设计的方向。

油墨生产工序电力和炭黑的使用对环境影响最大，因此绿色炭黑供应商、节能工艺设备改造，是油墨生产工序绿色设计的方向；包装工序中包装听的使用对环境影响最大，因此包装材料的替代和减量化是包装工序绿色设计的方向。

通过油墨产品生命周期评价，可以让油墨产品开发人员设计出更加生态绿色的油墨产品。同时通过发布油墨产品生命周期评价报告，提升印刷企业对产品环境影响的认识，促使印刷企业选择更环保的产品。

指标说明如下。

（1）气候变化（GWP）：生产 1kg LED-UV 油墨（含包装）产品排放的二氧化碳当量。

（2）初级能源消耗（PED）：生产 1kg LED-UV 油墨（含包装）产品消耗的一次能源。

（3）水资源消耗（WU）：生产 1kg LED-UV 油墨（含包装）产品消耗的地表径流。

（4）酸化（AP）：生产 1kg LED-UV 油墨（含包装）产品排放的二氧化硫当量。

（5）富营养化（EP）：生产 1kg LED-UV 油墨（含包装）产品排放的磷酸根当量。

（6）可吸入无机物（RI）：生产 1kg LED-UV 油墨（含包装）产品排放的 PM2.5 当量。

（7）光化学臭氧合成（POFP）：生产 1kg LED-UV 油墨（含包装）产品排放的非甲烷挥发性有机物当量。

（原载于 2019 年 12 月《CI FLEXO TECH》）

第四部分
行业典型案例篇

在绿色环保政策的推动下，在相关设备和技术快速进步的条件下，使用柔性版印刷工艺的印刷品质量进一步提高、应用范围进一步扩展、智能化和自动化程度进一步提高、综合优势进一步凸显，在国内被越来越多的印刷企业和终端用户接受，成为蓬勃发展的主要印刷方式之一。

“行业典型案例”部分遴选了柔性版印刷行业部分具有典型特色的企业作为案例解析，其中，既有环保与创新并重带来巨大竞争力的纸袋包装印刷企业，也有不断突破柔性版印刷软包装技术的复合软包装印刷企业，还有将卫星式柔性版印刷应用于生鲜食品的薄膜包装印刷企业，以及中东欧的柔性版印刷成功企业等，从中我们可以得到启迪和借鉴，有助于进一步推进中国柔性版印刷产业的发展。

受限于编者的水平和多方面原因，“行业典型案例”部分仅收录了 5 家柔性版印刷企业的案例，做了总结和提出了一些观点，可能存在不妥之处，也未必全面反映出柔性版印刷行业的典型案例，敬请谅解。

环保和创新并重的柔性版印刷纸包装

一、以科技创新及柔性版印刷技术发展成长的后起之秀

近年来人们的环保意识逐渐增强，世界上很多国家也出台了限塑、禁塑法规，并提倡使用纸包装等产品。企业使用环保包装不仅有助于生态环境保护，还有助于彰显企业的社会责任感，提升品牌影响力。随着国内纸包装产业的快速发展，福建南王环保科技股份有限公司抓住市场机遇，立志以生产可回收再利用、易降解的环保纸袋来代替一次性塑料袋，采用柔性版印刷技术，使用优质原纸和改良型食品级水性油墨生产各类优质纸袋，成为业内环保纸袋的领军企业。

福建南王环保科技股份有限公司（以下简称南王科技）创建于 2010 年，公司总部位于福建泉州，专业生产环保手提纸袋和食品纸包装。作为后起之秀，南王科技发展之初就专注于纸袋流水线体系以及环保水墨的柔性版印刷。南王科技现有总资产近 8 亿元，工厂总面积近 120000 平方米，建立标准的数字化印刷制袋车间和食品级无菌无尘包装车间，目前拥有 76 条国际先进的自动化制袋流水线，可年产 14.5 亿个高品质环保手提纸袋以及 45 亿个食品纸包装产品。

南王科技的企业使命是：弘扬环保精神，致力于环保包装的制造和推广；以高质量、高安全的产品成就客户。企业获得了市场的广泛认可，先后成为安踏、特步、UNIQLO、GAP、MUJI 等国内外知名品牌的环保纸袋供应商，同时也为肯德基、星巴克、麦当劳、华莱士等品牌餐饮提供纸杯、纸碗、汉堡盒、

薯条盒、纸袋、汉堡包装纸、餐盘纸、纸吸管等食品包装。2016 年南王科技在新三板挂牌，战略版图不断扩大，目前已在广东、安徽、河北、湖北、马来西亚等地设立全资子公司。

二、智能集成，科技创新

1. 抓住机遇，领先发展

南王科技在市场推广过程中发现，提高纸制包装的性能，既是挑战，也是巨大的发展机遇。市场起初只有可承重 5kg 的纸袋，而南王科技却挑战并做到了可承重 10kg、15kg，甚至 25kg 的纸袋，这是南王科技后来者居上的重要因素之一。纸袋性能的提升需要一次次不断地实验与磨合，公司的研发从不局限于自身，还积极调动供应商进行交叉式开发，从胶水、涂层、原纸等各个方面提高纸袋性能。除了研发了可承重 25kg 的纸袋外，公司还研发了防水、防油和防开启的纸袋。

南王科技始终相信，环保是这个时代的主题，是绿水青山建设的必要条件。纸制包装有着得天独厚的优势，因此公司致力于推广环保纸袋，弘扬环保精神，印刷车间即是其努力的见证。公司以柔性版印刷替代胶版印刷，引进国际先进的 W&H 卫星式柔性版印刷机和自动制袋机（见图 1、图 2），实现全自动生产，速度快，印刷精度高，并采用水性油墨甚至是食品级油墨。从 2016 年起，公司自主研发了柔性版印刷机，并开辟了一条个性化订制生产线，通过三个网店的推介平台，实现 500 个起的个性化订制模式，降低起订量，让更多中小型企业有机会使用环保包装。除了在生产技术和原料上力求环保外，南王科技还建设了一套可净化循环的污水处理系统，将生产产生的废水经过层层净化，从而达到国家排放标准，节约社会资源。

图 1 W&H 卫星式印刷机

图 2 W&H 尖底制袋机

2. 质量护航，品质先行

南王科技发展短短十载，就通过了 ISO9001、ISO14001、ISO22000、QS、FSC、BRC 等认证。公司成立了专业实验室，配备精准专业的现代化检验设备，对质量关键点进行识别和确认，制定有效的管控措施，从原辅材料检验、制程检验到成品检验层层把关，确保环保纸袋的品质符合国家质量标准。公司建立了完善的追溯系统，可以对产品的供应商、原材料、生产、仓储、销售、市场巡检及消费者等环节进行数据采集跟踪，确保产品的每一道工序均被记录、可查询，确保品质达到高标准。

2018 年，CCTV 发现之旅《匠心智造》节目播出的《神奇的纸袋》，介绍了南王科技的发展历程和高质量纸袋产品。同年，南王科技也正式入选“饿了么”安全环保外卖包装“安心名录”。这些均体现了公司的专业和优势。此外，企业还参与了轻工行业标准《手提纸袋》（QB/T4379—2019）等标准修订，为行业发展做出积极贡献。

图 3 纸袋、纸杯等纸包装产品

大批量产品不能仅仅靠人工检测，智能化的视觉检测系统是质量保障的坚强后盾。以纸杯为例，纸杯机生产速度近 110 个 /min，需要检测的问题点繁杂多样，如蹭脏、底漏、边漏、变形等。因此公司的每一台制杯机都配备了智能检测系统，通过高速视觉检测将所有不合格品自动挑出。同时，当任何环节出现故障，设备会立即停机，直到调整好后才能再次启动并取消报警。此外，现场质检人员会进行同批次抽检，检测项目甚至包括条件苛刻的渗漏液测试，保证发给客户的每一个纸杯质量优良。

3. 科技创新，提升优势

作为一家高新技术企业，南王科技不断提升企业的核心技术，成立专业的研发团队，专注于新产品的开发与创新。公司拥有行业内资深首席技术官以及专业的技术团队，同时和国内多家专业印刷学院深度合作，有源源不断的新鲜血液注入，为创新研发提供新思维、新概念。2019 年，公司研发投入 2100 万元，超过销售额的 3%。截至 2020 年 5 月，共申请专利 61 件，已授权 39 件，其中，发明专利 11 件，实用新型专利 49 件。并有重点专利申请国际 PCT 专利，准入 10 个国家，由此南王科技能成为一家快速发展的企业（见图 4）。

图 4　申请专利的小 U 纸袋

三、未来展望

科技的快速进步和时代的不断更迭，意味着企业需不断加强自身的创造力与社会责任感，以谋求更长远的发展，这与南王科技弘扬环保精神的企业使命相一致。2020 年 1 月 19 日，国家发改委和生态环境部发布《关于进一步加强塑料污染治理的意见》，这一升级版“限塑令”对塑料制品的相关规定，使南王科技更深刻意识到研发与制造可降解、可循环、易回收的环保纸袋与食品包装势在必行。“限塑令”的颁布，尤其新冠肺炎疫情的暴发，国内企业面临严峻挑战，这激励着南王科技勇担重任、激流勇进、不畏挑战，做技术创新、安全质量第一的企业，做有强大社会责任感的企业。

南王科技经历了十年的快速发展，建立了专业的实验室、智能数字化车间，拥有国际先进的纸袋流水生产线、精度高且环保的柔性版印刷设备和一流的管理团队以及技术人才队伍。未来南王科技仍将坚持不畏挑战的精神，在环保和高科技发展之路上会有更大发展。

日益提升的柔性版印刷软包装技术

一、创新性高新技术包装印刷企业

黄山永新股份有限公司（以下简称永新股份）坐落于风景优美的黄山脚下，为外商投资股份制企业和上市公司，主要生产经营真空镀铝膜、塑胶彩印复合软包装材料、药品包装材料、多功能高阻隔薄膜等高新技术产品。作为国家重点高新技术企业和国家创新型企业试点单位，永新股份通过企业博士后科研工作站、安徽省工程技术中心、安徽省115产业创新团队、安徽省企业技术中心等平台，与国内诸多科研机构以及国际著名包装公司开展了多项深层次技术合作。

经过十多年发展，永新股份目前拥有从美国、日本、德国等地引进的具有国际领先水平的凹版印刷、柔性版印刷彩印生产线，真空镀膜、CPP多功能薄膜生产线，以及国内一流的检测设备，建有10万级洁净厂房和无菌包装车间，为食品、医药、日化、农化、建材、电子等多个领域的用户提供卫生环保、品质优良的包装产品。

二、从无到有的柔性版印刷软包装

永新股份十多年来一直致力于柔性版印刷软包装市场拓展，见证了软包装市场对柔性版印刷生产方式从一开始的无人问津，到如今休闲食品、生活用纸等柔性版印刷软包装的随处可见，以及凹版印刷软包装的市场占比逐步压缩。

柔性版印刷软包装近10年来一直呈现稳步增长的态势，其发展一方面是业内人士多年来为柔性版印刷技术提升的不懈努力；另一方面是近年来国家的环境保护政策和消费者意识的升级。永新股份也随着柔性版印刷软包装的发展一起成长，既是参与者，也是受益者。

长久以来凹版印刷一直占据着国内软包装市场，其精细度、高亮光、渐变均匀、实地饱和度高等印刷质量与柔性版印刷相比有着巨大优势，一直深受广大客户的欢迎。近些年，随着柔性版印刷技术地不断提升，公司多年来服务的宝洁、金伯利、百事等品牌客户逐步成为采用柔性版印刷软包装的领跑者和践行者，包装标准化进程得到了快速推进。而柔性版印刷工艺一直被诟病的清晰度问题，伴随着柔性版印刷新技术的发展，公司所服务的各大品牌客户新产品在推进中不断改进。公司2008～2012年柔性版印刷软包装产品的印刷线数为110lpi，2012～2015年柔性版印刷软包装产品的印刷线数为126lpi，近几年柔性版印刷软包装产品的印刷线数为133lpi（见图1）。

虽然目前柔性版印刷的印刷质量还无法完全与凹印相媲美，但经过多年的技术改进，柔性版印刷的印刷质量已经能够被市场所接纳，此外与凹版印刷相比则有着低异味、套印精确、低能耗、低成本、更环保等优势。随着市场对柔性版印刷技术认知的进一步提升，相信柔性版印刷在软包装市场的应用将更为广泛。

图1 不断改进中的柔性版印刷软包装产品

由于凹版印刷墨层厚、叠色难以良好转移的局限性，近年来业内热点的广色域印刷基本已确认无法使用凹版印刷的印刷方式实现。公司另辟蹊径，在柔性版印刷中采用广色域印刷方法取得了良好的效果。图 2 是公司采用广色域柔性版印刷的复合软包装产品。此款产品采用大面积底色的实地印刷，运用多色叠印的方式进行；颜色饱和，没有凹版印刷实地印刷的“发花”问题。公司采用广色域柔性版印刷的方式进行生产具有以下几点优势：不需要更换油墨，减少油墨库存，也可以减少危废的产生；减少清洗和更换网纹辊时间；拼版印刷，可同尺寸多系列同时印刷；印刷时不需要配色，节约打样时间和材料；供应链反应快速。

图 2　柔性版印刷广色域印刷产品实例

随着新技术的采用，柔性版印刷软包装生产同时也面临着诸多新的挑战，比如套印精度要求非常高，因为各种颜色的细小阴字、阳字和线条都需要叠色完成，需要从设计角度进一步完善；网纹辊和版辊墨量转移的稳定性问题，订单在连续印刷中的墨量变化需要数据化，需要网纹辊制造商一起参与，建立数据模型指导生产的稳定进行；印版网点扩张控制难度增大，新印版、批量印刷后的印版、再次上机印刷的印版，如何保持网点扩张的一致性是一个关键问题；对油墨、贴版胶带的质量要求提高，广色域印刷中往往需要进行多色叠印（其中有很多是浅网），使用高质量的胶带对印刷质量的稳定性、提高签样速度、印刷稳定性都起到了保障作用。

三、柔性版印刷软包装未来发展的挑战与机遇

1. 技术角度

柔性版印刷技术在软包装市场的应用还有如下诸多急需解决的问题。

（1）高光渐变的表现略差。

（2）网纹辊、双面胶、印版构成的墨路传递系统如何设计优化才能满足不同的墨量需求，保障同色印刷中实地与高光区域的印刷质量。

（3）柔性版印刷软包装产品复合前后网点的变形问题。

（4）版材的耐溶胀性能对网点稳定性的影响。

（5）油墨印刷适应性及后道加工匹配能力还需进一步提升。

（6）随着凹转柔产品增多，由于凹版印刷的印版具备无接缝的特性，便对无接缝柔性版的供应链提出了一定的要求，需要更短的交货周期、更低廉的成本。

2. 环保、质量及成本角度

从客户对质量、环保、成本要求的角度来看，柔性版印刷软包装还面临如下挑战。

（1）环保政策：近年来，由于很多凹版印刷厂采用了溶剂回收或 RTO 装置处理 VOCs，也可以做到达标排放，已经迈过了环保的门槛，柔性版印刷仅仅是排放总量更少而已。

（2）成本：目前，凹版印刷的印刷速度也可以达到 400m/min，对以高生产效率著称的柔性版印刷发展形成了新的挑战，以同一个 8 万米印量的 OPP 薄膜印刷订单为例，如表 1 所示，柔性版印刷与凹版印刷综合成本接近，柔性版

印刷非正常停机两次，稳定性、效率和印刷合格率略差，油墨、溶剂、复合胶水、能耗均有明显节约，结合设备投资等因素，如果解决了柔性版印刷的稳定性和异常停机问题，柔性版印刷生产长订单还是有成本优势的，中小订单优势不明显，甚至成本更高，而未来的软包装市场竞争更应该是 3 万米以下的订单，所以对中小订单柔性版印刷必须设法降低运营成本。

（3）网纹辊、双面胶带、版材的配套能力、标准化和规模效应不足。

表 1　柔性版印刷与凹版印刷产品对比

项目	柔印	凹印
油墨（干基）	2.85g/m^2	3.89g/m^2
溶剂（订单总消耗）	150kg	280kg
印刷速度	280m/min	280m/min
停机次数	2 次	0 次
能耗	933kW·h	2000kW·h
无溶剂复合上胶量	1.5g/m^2	1.8g/m^2
印刷工序损耗	4.88%	2.78%
残留溶剂	1.2mg/m^2，酒精及微量醚类	3.2mg/m^2，醋酸正丙酯为主

四、未来展望

永新股份在柔性版印刷软包装领域已经有了一定的技术积累，为更好地保持技术优势，加强公司柔性版印刷软包装的技术实力，将来还将在以下几个方面做进一步的深化发展，以满足未来包装市场的发展需求。

1. 机器人和操作自动化

关于快速更换订单，创新的解决方案是使用机器人，如图 3 所示。机器人能够自动操作网纹辊、印刷套筒和过桥套筒，以减少必要的更换时间完成订单转换；配合 500m/min 以上速度的印刷机，这是在当今潮流下提升竞争力的一个最好方案。

图 3　机器人安装印刷套筒

2. 广色域印刷（CYMK+OGV）

广色域印刷是一个非常复杂的技术，需要设计、印前、制版、油墨、网纹辊等各方面共同努力，建立一套稳定的工作流程和标准，才能使广色域印刷在复合软包装领域快速发展。

3. 自动压力和套准系统

在追求效率的过程中，采用先进的卫星式柔性版印刷机，使员工能够快速、简单和全自动地完成印刷套准和压力调整，将会带来最少的材料和时间浪费。目前完成八色柔性版印刷套印的浪费一般控制在 100 米以内，有效地节约了材料。

4. 快速切换和效能提升

开发以提升效率为目标的解决方案，满足软包装市场的需求，可以找到一个共同的答案：在快速变化的软包装市场环境中，软包装印刷企业需要适应新技术，以满足客户的需求。

5. 智能化管理

降低成本和提高盈利能力，最重要的是提高生产灵活性、最小化库存。

6. 专业化设计

针对柔性版印刷的特点，专门为柔性版印刷产品进行专业的图文设计，在便于高效稳定生产的前提下，使柔性版印刷产品可以表现出明显的差异化市场形象。

7. 印刷辅助配套材料技术升级，实现成熟和标准化

在柔性版印刷软包装的日常生产、研发和应用中，经常会遇上新挑战，唯有克服困难、勇攀高峰，才能发现新蓝海。预计将来柔性版印刷软包装产品也将克服各种困难与挑战，适应更多、更广泛的包装市场需求，带来该领域市场的繁荣发展。

卫星式柔性版印刷在生鲜食品包装中的应用

一、大型多层功能性薄膜包装企业

江阴升辉包装材料有限公司（以下简称升辉包装）创建于 2004 年 5 月，是专业从事多层共挤功能性高分子薄膜研发、生产、销售和服务的创新型企业。经过 15 年的快速发展，目前公司已成为亚太地区超大型多层功能性薄膜供应商，产品系列全面、技术研发能力雄厚的生鲜肉包装企业，整体综合实力强大，公司还是中国肉类协会包装分会会长单位。

“科技创造生产力”是升辉包装持续发展的原动力。公司已申请专利 120 余项，各类商标 28 件，其中 SUNRS 为江苏省著名商标，主持和参与制定国家标准、团体标准共十余项。公司入选“国家火炬计划重点高新技术企业”，建有“江苏省多功能性共挤薄膜材料工程技术研究中心”“江苏省企业研究生工作站”“江苏省企业技术中心”，通过 ISO9001、ISO14001、QS 和 BRC 等多项国际体系认证，荣获“江苏省创新企业”“江苏省印刷示范企业”“江苏省示范智能车间”“中国轻工塑料行业十强企业”“江苏省科技小巨人”等荣誉称号。

公司自 2014 年起先后引进博斯特 F&K 20SIX CS 卫星式柔性版印刷机（见图 1）、二维码赋码设备等印刷设备，2019 年又引进 ERP 系统 SAP，同时集合 OA 和 WEB+，向着绿色、数字、智能、融合的印刷包装拓步前进。

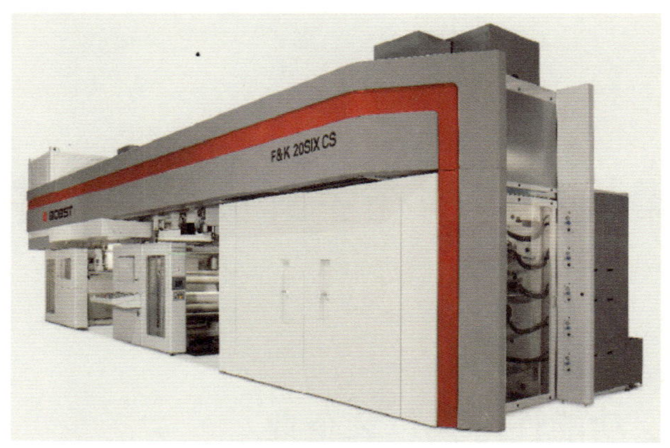

图 1　F&K 20SIX CS 卫星式柔性版印刷机

二、卫星式柔性版印刷在冷鲜肉类包装中的应用

冷鲜肉是指活体在宰杀后，迅速对其胴体进行冷却处理，使其温度在一定时间内降到 0～4℃，并在后续的加工处理、运输流通、销售和存储的整个过程中，自始至终一直保持在这个温度范围内的生鲜肉。

当前国内的生鲜肉分为热鲜肉、冷鲜肉、冷冻肉三种。其中以热鲜肉为主，冷鲜肉市场占比率不足 10%，而在西方发达国家，冷鲜肉市场已高达 90% 以上。随着消费者食品安全意识的日益提高，露天摆放的无包装热鲜肉越来越凸显出其质量安全的隐患；冷冻肉储存解冻后，肉汁营养的流失和口感的大打折扣，在一定程度上降低了其在消费者心中的美好印象。与此同时，国内养殖业生产工业化偏低，大多小而分散，加上分布不均衡，与人口分布区域差异化明显不匹配等原因，导致畜禽肉产品管理规划欠缺，食品安全无可靠保障，流通运输监管困难，生产流通环节浪费巨大等问题。

自 2018 年暴发“非洲猪瘟”，特别是 2020 年新冠肺炎疫情暴发之后，政府和社会各界都认识到，冷鲜肉进行包装后储存、物流和销售是解决生鲜肉保障供应和食品安全的关键措施。其中，冷鲜肉质量的可追溯性成为食品安全领域的核心因素。2020年中央“一号文件”中也明确提出：“逐步减少活猪长距离调运，推进‘运猪’向‘运肉’转变。”可以预见的是，未来冷鲜肉包装市场还将持续向好发展，市场规模逐步扩大。

冷鲜肉类包装主要有热真空收缩包装、热成型包装、气调锁鲜包装、贴体包装等。冷鲜肉包装在一定程度上有效防止了肉类变质带来的交叉感染，抑制了细菌微生物的生长速度，延长了保质期。与此同时，消费者对包装图文以及图文精美度要求的日益提高，与消费者对冷鲜肉营养和口感的原生态追求形成了强烈反差；政府倡导推进的绿色环保政策对我国以凹版印刷为主的高污染印刷包装企业带来巨大影响；而卫星式柔性版印刷可以非常完美地契合冷鲜肉包装的印刷需求，因此，柔性版印刷在生鲜肉包装领域得到重点推广应用，其优势主要体现在以下几个方面。

1. 绿色环保，顺应可持续发展趋势

柔性版印刷采用全封闭式墨路系统，整个过程中极大地降低了溶剂的挥发，同时，柔性版印刷主要采用温和性环境友好型的醇溶性溶剂，高色浓度低溶剂含量油墨，VOCs含量更低，对人和环境影响更小。

柔性版印刷采用网纹辊定量传墨的方式印刷，上墨量为凹版印刷墨量的40%左右，墨层更薄，能量消耗更少，溶剂残留也更低，极大降低了冷鲜肉包装上的溶剂残留，从而确保了冷鲜肉的食品安全性。

2. 适应冷鲜肉包装薄膜特性的需求

冷鲜肉包装薄膜有着特殊要求，部分基材厚度仅有18μm，具有15%左右的收缩率，且易拉伸。对于此类薄膜的印刷，除了对印刷设备的张力系统提出了较高的要求外，对设备的套印精度和干燥系统也要求极为严格。

冷鲜肉类包装使用多层共挤功能性薄膜基材，其表面比普通常规用的印刷基材粗糙，冷鲜肉类包装中的收缩筒膜印刷，为防薄膜粘连，往往会在膜内添加适量的食品级玉米粉，增加筒膜两层间的滑动性，同时筒膜内会存在或进入

适量的空气，这种层间的滑动和膜内的气流在使用凹版印刷时，油墨的转移效果会受到一定影响，对套印提出了挑战。而卫星式柔性版印刷的凸版印刷恰巧可弥补改善这一缺陷。

冷鲜肉类包装中的收缩筒膜印刷，有很大一部分为双面印刷，目前最多为正 10 色加背 10 色共计 20 色。如果采用凹版印刷机或柔性版机组式印刷机，过多的机组单元不仅极大地加大了企业生产运营成本，同时对印刷套印也带来了巨大的挑战。而 10 色卫星式柔性版印刷机利用翻转架加操作侧和驱动侧分别贴版印刷的方式，即可完成正背各 10 色共计 20 色的订单印刷，降低运营成本，提升套印精度（见图 2）。

冷鲜肉类包装中的收缩筒膜属于高收缩率的热缩膜，超过一定的热量会导致印刷基材的整体收缩变形。相较于卫星式柔性版印刷，凹版印刷的大墨量，势必需要较高温度的干燥工艺，这样一方面影响印刷套印，另一方面规格的收缩改变可能导致产品的批量性报废。

图 2　10 色卫星式柔性版印刷正面 7 色 + 背面 6 色

3. 优异的套印精度

凹版印刷对于厚度极薄且具有强收缩性或拉伸性的冷鲜肉包装薄膜基材，套印精度难以满足需求；而在卫星式柔性版印刷过程中，基材完全贴合在 CI

上，多色印刷均在共同的中央压印滚筒上完成，具有很好的套印精度。公司的 Smart GPS 零速套准系统可以为卫星式柔性版冷鲜肉包装印刷实现零速零走料的直接完美套印，无须套印标记，同时无色透明光油均可实现精准套印。

图 3　博斯特 Smart GPSTM 零速套准系统

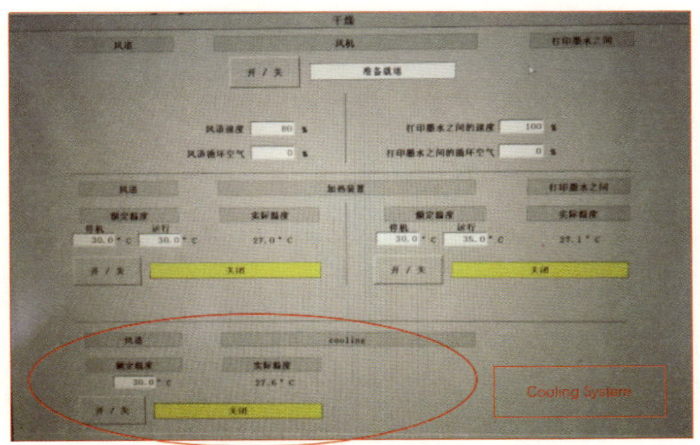

图 4　常温冷风干燥系统

公司自主开发的常温冷风干燥系统在确保印刷油墨干燥彻底的前提下，避免了收缩膜因过热而出现严重收缩的状况，从而确保了高热缩性材料套印精度，收缩筒膜正背印刷套印偏差≤ 0.3mm。

恒温温度系统降低了材料热胀冷缩的变形概率，确保卫星式柔性版印刷的中央压印滚筒始终处于恒温状态，一般为（30±1）℃，同时卫星式印刷单元门板采用保温隔热材料制作，确保基材在印刷单元过程中的稳定一致性，以降低因基材变形而导致的套印不良异常。

伺服电机驱动替代齿轮传动，使得卫星式柔性版印刷的套印精度有了从量变到质变的飞跃。

4. 柔性版印刷技术发展助力冷鲜肉类包装

杜邦的EASY Brite、柯达的NX Advantage和Hyperflex、艾司科的Crystal、富林特的Woodpecker以及Apex和Hamillroad推出的Bellissima技术，在兼顾实地加网的技术上，让高光和中间调变得更加出色，真正使高清柔性版印刷变成了现实。DIC升级版GPL高色浓度油墨的研发，Apex的GTT和GTT2.0，Sandon的Fluid FP和Zecher的HIT为代表的网纹辊的出现，为高清柔性版印刷的稳步发展夯实了基础。

如今的柔性版印刷七原色广色域印刷技术，使得柔性版印刷的色域和饱和度一定程度上可以媲美凹版印刷。

5. 低损耗换卷

卫星式柔性版印刷较机组式印刷的机型路程短，总纸路大约50米，套印稳定，智能化、自动化程度高，会根据换卷接料指令自行对每个印刷单元进行有序独立的离合压操作，即使是多色印刷，接料换卷损耗在10米以内。而机组式印刷的机型因接料时接头走机的不稳定，导致换卷接料时需要逐个单元重新套印，换卷接料损耗很大，且损耗和印刷色数成正比。

三、“一物一码”可追溯，为食品安全保驾护航

公司通过互联网实施可追溯信息的二维码赋码，首次实现在收缩膜产品上在线赋码，并根据收缩膜的收缩比例调节二维码尺寸，实现收缩前后均可读码，

完全实现冷鲜肉包装“一物一码”全信息可追溯。

通过“一物一码”全信息追溯，可对产品进行源头控制，并强化生产、流通过程的质量安全管理。通过采集和记录产品生产、流通、消费等环节信息，实现来源可查、去向可追、责任可究，将促进消费者敢消费、愿消费、放心消费的良好局面。

四、未来展望

随着政府对环保的呼声越来越强烈，要求的标准越来越严格，消费者对包装的要求越来越高，国家对食品安全越来越重视，生鲜食品包装的“凹转柔”势在必行。当前，国内外市场对冷鲜肉收缩包装的需求处于快速上升阶段，特别是中国市场将迎来巨大增长。升辉包装的卫星式柔性版印刷生鲜食品包装产品将有着良好的发展前景。

标签柔性版印刷智能化之路

一、综合标签解决方案供应企业

在《中国制造2025》《印刷业“十三五”时期发展规划》等相关政策的引导和支持下，我国印刷业向着“绿色化、数字化、智能化、融合化”方向发展，不断推进着产业结构的优化与升级。另外，在人力成本上升、数字化趋势明显的大背景下，越来越多的企业对智能化、信息化平台建设的需求更为迫切。苏州江天包装彩印有限公司就是一家走在行业前列的柔性版印刷智能化生产标签企业。

苏州江天包装彩印有限公司（以下简称江天彩印）是全国领先的综合标签解决方案提供商，公司成立于1992年，在国内有三家工厂和一个办事处，现有员工230余人，其中专业研发团队十余人，江天彩印被认定为国家级高新技术企业和苏州市企业技术中心。

公司凭借雄厚的实力与上海出版印刷高等专科学校建立生产研究基地，并与武汉大学等院校合作积极开发新材料和新工艺。江天彩印拥有30余台先进的博斯特、欧米特印刷机和AVT检验设备，配备优秀的客服团队和完善的出入库条码系统，为客户提供优质高效的标签服务。作为国内主要的标签印刷企业之一，江天彩印为宝洁、联合利华、汉高、家化、亿滋、达利和壳牌等国内外50多个知名品牌提供传统和数字标签解决方案。

公司连续多年被评为苏州印刷企业50强，荣获高新技术企业证书，拥有23项自主知识产权专利及2项发明专利。2015年，公司被中国印刷科学技术研究院旗下的《印刷经理人》杂志评为“中国印刷业最佳雇主20强”；2017年，荣获“凌云杯”标签大赛质量二等奖等多项奖项；2018年，在“太阳杯”亚洲标签大奖赛上荣获“最佳丝网印制大奖”，其生产车间被授牌为江苏省智能示范车间。

二、智能化和信息化管理系统深度集成

经过20余年的发展与优化，江天彩印现在已经拥有了一套先进的管理模式和业务流程，建立了信息化基础应用管理平台，将公司的信息化、智能化系统应用于企业管理、生产、研发的各个方面，在地域上覆盖公司总部和各地分厂，在硬件方面实现从印前全自动化、智能化印前设备，到智能化印刷、智能化印后检验，在信息化系统建设方面，应用ERP、OA、AI、印前软件，逐步实施了商务智能、视频会议、移动办公、信息采集、发布传输系统、企业网站等网络基本应用和以连接数据库为基础的信息服务系统。

公司采用智慧工厂整体解决方案，其中最为特别的是生产智能制造管理系统，采用多个不同应用系统的深度集成，提高整个生产制造过程的高度自动化和智能化。该系统集成从应用层级上来看，覆盖产品全生命周期管理，从应用范围看，包括产品同步开发，智能化生产、制造执行全过程管理，能够实现基于工业物联网的前后台信息流融合，力争实现工序的可视化，让印刷生产智能化。

在产品设计初期，公司首先通过EDI系统接收客户的产品信息，利用AI进行产品设计，对设计的产品进行分析并自动与客户图稿进行校对，优化设计。通过TRUEFLOW系统可接受多台印刷机不同需求的制版任务，并利用系统对设计的色彩进行分析，优化产品设计，最后通过其系统生产相应的BOM表（物料清单）以及产品代码，通过数据接口传至ERP系统，以便组织生产（见图1）。

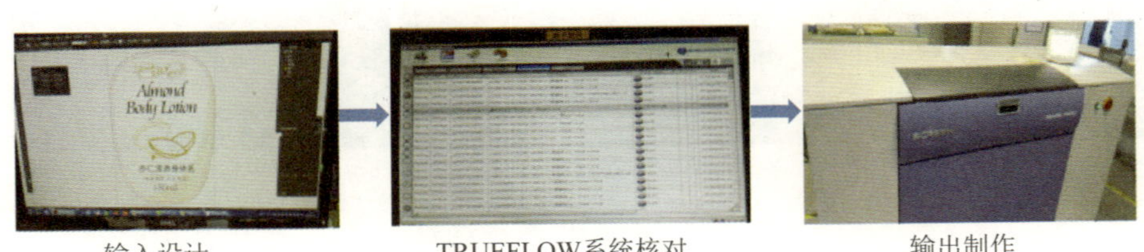

输入设计　　TRUEFLOW系统核对　　输出制作

图1　输入到输出工作流程

智能化印刷生产主要包括以下几个方面。

（1）智能化控制系统：对各种生产信息进行储存、分析、处理、判断、调节、优化、控制，同时实现在线质量实时检测监控，可实现对在印刷过程中出现的各类偏差及时诊断、修正。

（2）智能印后设备：根据标准设定，程序指令自动选择相关工艺并设置参数，自动配置集成相应生产设施，实现一键完成整个印后检验工序。

（3）数据采集智能化与监控：应用二维码技术以及 RFID 技术，实现原材料出入库、生产过程、检验包装、成品入库及成品出库的标识自动化识别，并实现成品生产过程追踪、原材料检索与校核、库存管理等，达到产品精确追溯（见图 2）。

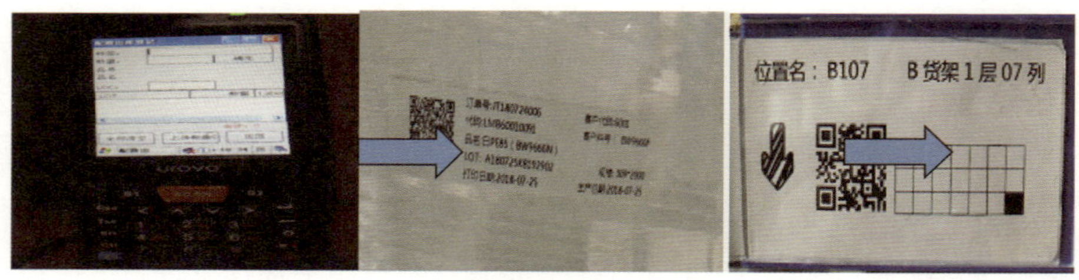

物料管理智能化

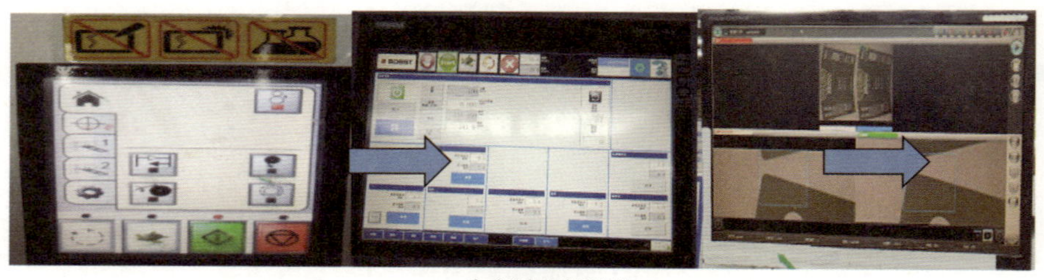

生产过程智能化

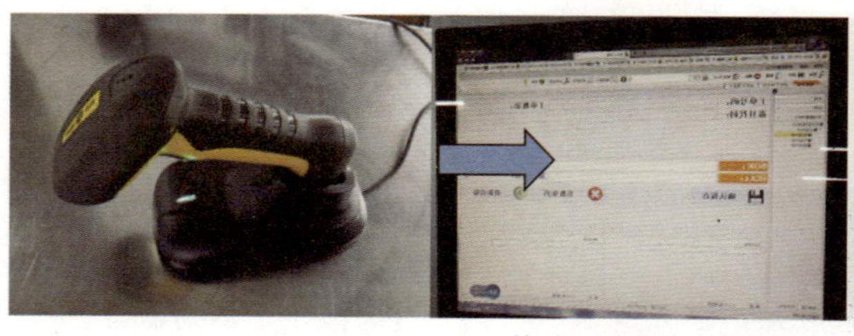
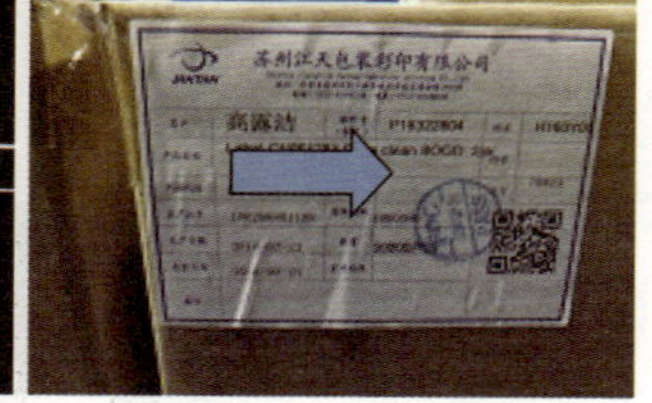

检验及成品管理智能化

图 2　智能化系统流程

三、智能化建设卓见成效

智能化项目实施前后，公司在运营成本、产品生产周期、生产效率、质量水平、绿色环保等方面均有提升。经过努力推动公司各大系统运行数据交换，实现印刷生产制造智能化，截至 2019 年 7 月，将实施全面印刷智能化生产后的采集数据与同期上年度进行对比发现，印刷智能车间改造后生产节奏加快，效率提升，产品合格率提升，品质非但未受影响反而有所提升，工作环境也得到有效改善。

1. 生产周期缩短，订单生产周期平均缩短了 25%

表 1　改造前后生产周期对比

改造前	2018 年	7 月	8 月	9 月	10 月	11 月	12 月	平均	缩短
	生产周期天数	12	13	11	14.2	13.8	13	12.8	
改造后	2019 年	1 月	2 月	3 月	4 月	5 月	6 月	平均	25%
	生产周期天数	11	10	9.4	9.8	9	8.8	9.7	

2. 生产效率提升，在同等人力情况下，生产效率提升了 11%

表 2　改造前后产出工时对比

改造前	2018 年	7 月	8 月	9 月	10 月	11 月	12 月	合计	提升
	有效产出工时	1943	2076	1915	2185	2042	1976	12137	
改造后	2019 年	1 月	2 月	3 月	4 月	5 月	6 月	合计	11%
	有效产出工时	2205	2330	2145	2278	2345	2176	13479	

3. 产品合格率提升 6%

表 3　改造前后产品合格率对比

改造前	2018 年	7 月	8 月	9 月	10 月	11 月	12 月	平均	提升
	产品合格率	89%	90.1%	89%	87.5%	88.9%	90.3%	89.1%	
改造后	2019 年	1 月	2 月	3 月	4 月	5 月	6 月	平均	6%
	有效产出工时	92.4%	93.5%	94.7%	96.8%	93.8%	95.7%	94.5%	

4. 工作环境改善

智能车间改造后，物料实施定位、定量、定容的“三定”规划，车间 5S 标准化运作，彻底告别了印刷车间“脏、乱、差”的生产环境。从应用成效来看，江天彩印的智能化印刷生产系统达到了以下目的。

（1）设计人员通过 TRUEFLOW 系统实现自动输入、自动校对、自动分色、自动输出制版，无须人工核对，大大提升了工作效率和准确率。

（2）具有相关权限的人员可以通过系统了解车间生产进度、生产计划、产品进度、计划达成率，实时了解当天生产进度和状况，当有异常情况发生时可以在第一时间与客户沟通，提升了客户满意度。

（3）对产品的装箱数量实现了系统管控，出现错装、多装、少装时都能及时报警，不再只是依靠人的记忆来解决装箱问题，并能通过系统自动生成装箱二维码。

（4）可以通过 MES 追溯到生产批号记录情况、材料记录、测试数据和操作情况等，可以满足关键信息追溯。

为了适应工厂集团化生产的需求，达到与其他生产经营系统的良好集成，公司采用定制开发 MES 系统和定制开发专业 ERP 系统。集团通过管理系统统一配置生产规则，分厂遵循配置的生产规则，系统将自动进行控制，实现集团生产的统一管理；两地分厂生产管理系统负责生产过程控制，包括生产计划、作业调度下达及监控生产进度，对生产数据进行复审等功能；同步系统提供集团与分厂数据的同步，实现分厂正常生产、集团统一管理的目标；系统将提供各种生产数据和检验数据的采集，为生产监控、质量监控和报表分析提供准确的数据，实现集团生产的统一标准和统一管理（见图3）。

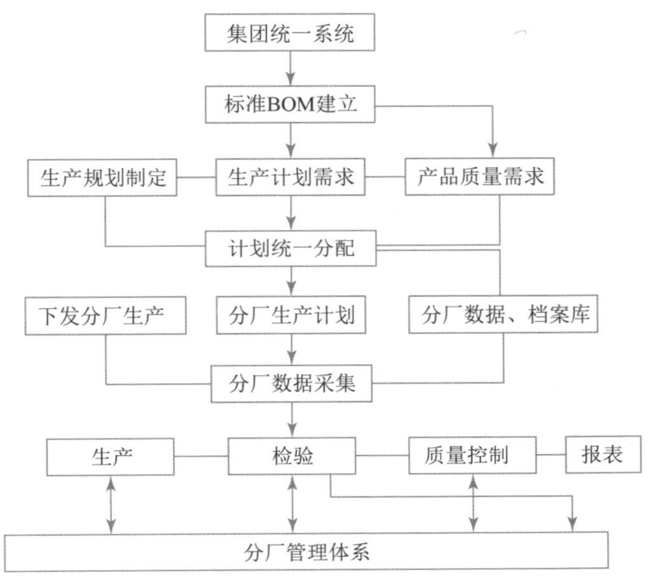

图3　智能化印刷生产系统

四、未来展望

标签印刷具有多样化、变化快、订单量小的特点，江天彩印通过印刷智能化改造提升了生产效率，降低了运营成本。印刷智能化将带动国内标签印刷企业进行设备、管理转型升级，寻求突破发展，使其与国际标签印刷企业同台竞争，推动高档标签的发展，也必将促进标签印刷行业的整体提升。目前江天彩印已经是国内标签印刷行业位居前列的企业，起到一定的带头示范作用。

波兰企业的柔性版印刷成功之路

一、中东欧地区的柔性版印刷明星企业

有研究预计，到 2022 年末全球软包装市值有望突破 2 万亿元人民币。但纵观软包装印刷市场，亚太区域、美洲和欧洲却各不相同。凹版印刷在亚太区域长期以来占据绝对优势，特别是在食品包装领域占比高达 90% 以上；在美洲，柔性版印刷则遥遥领先，拥有 80% 以上市场份额；而在欧洲，多年来柔性版印刷占 60%、凹版印刷占 40% 的市场状况并没有太大改变。就欧洲市场来看，究其原因，欧洲对于印刷品质的要求较高，长期以来凹版印刷的印刷质量明显好过柔性版印刷，即便是柔性版印刷直接制版技术在 1995 年取得突破后，印刷最高加网线数在很长时间里还是停留在 133lpi 的水平，而凹版的耐印率高，色彩鲜艳夺目，占据了稳固的市场份额；加之品牌商对于凹版印刷高品质的青睐，使得成本这个极其重要的因素也可以屈居第二。

有趣的是，最近几年这个平衡被打破，柔性版印刷的占比在欧洲开始上升。不能忽视的一个趋势是，近年来由于西欧生产成本较高，大量的印刷业务逐渐转向中东欧等综合成本较低的地区，借助便捷的高速路网和欧盟国家间的各项协议实现异地生产。因此，中东欧的柔性版印刷发展，更多地代表了当下欧洲软包生产的现状。一家名为 Fol-Druk 的波兰柔性版印刷企业成功地将大量凹版印刷产品转为柔性版印刷生产，在获利颇丰的情况下极大地促进了当地的柔性版印刷发展，也扭转了柔性版印刷和凹版印刷竞争的态势。本文将就这个案例展开分析，找出柔性版印刷如何在欧洲取得突破。

图 1　Fol-Druk 印刷公司在欧洲的地理位置

Fol-Druk 印刷公司位于波兰中部普沃茨克市，距离波兰首都华沙 117 公里，距离德国首都柏林 490 公里，高速驾车时间仅需五个多小时，交通极为便利，其产品 60% ～ 70% 出口到西欧国家，特别是德国。1995 年，Stanislaw Szczechowicz 先生创立 Fol-Druk 印刷公司，目前的生产规模与初创时期相比，虽然扩大很多，但仍采用家族企业的产权模式，并没有上市。在欧洲，家族经营的企业比比皆是，即便是一些规模庞大、实力雄厚的企业也有可能是家族化管理。自成立之初，Fol-Druk 印刷公司就专门从事食品相关的塑料薄膜印刷，如聚丙烯、聚乙烯和聚酯薄膜用于生产奶酪、黄油和牛奶的包装，最近几年又将其产品线扩展至面食、糖果、蛋糕、冰淇淋、薯条、谷物等食品包装。

二、凹转柔的发展历程

Fol-Druk 印刷公司主要发展历程包括一系列的设备投资和标准认证，具体如下。

（1）1995 年，购置第一台四色 CMF 柔性版印刷机。

（2）1997 年，安装第一台 SCHAVI 六色印刷机。

（3）2003 年，购买了第二款六色 SCHAVI　SIRO 印刷机。

（4）2004 年，印刷公司完成了 ISO9001：2000 和 HACCP 质量管理体系的认证。

（5）2012 年，安装最新的 Comexi 八色印刷机。

（6）2015 年，实施 BRC 食品技术标准。

（7）2018 年，安装配置了凹版和柔性版印刷涂布单元的 Comexi　ML2 复合机。

图 2　成功从八色凹版印刷（左图）转换成 200lpi 五色柔性版印刷（右图）

这里对 HACCP 认证和 BRC 标准做出说明。HACCP（Hazard Analysis and Critical Control Point） HACCP 表示危害分析的临界控制点。确保食品在生产、加工、制造、准备和食用等过程中的安全，在危害识别、评价和控制方面是一种科学、合理和系统的方法。但不代表健康方面不受威胁。识别食品生产过程中可能发生的环节并采取适当的控制措施防止危害的发生。通过对加工过程的每一步进行监视和控制，从而降低危害发生的概率。BRC 标准是 1998 年英国零售商协会（British Retail Consortium）应行业需要制定的食品技术标准（BRC Food Technical Standard），用以评估零售商自有品牌食品的安全性。目前，它已经成为国际公认的食品规范，可用以评估零售商的供应商，同时许多公司以其为基础建立起自己的供应商评估体系及品牌产品生产标准。

Fol-Druk 公司为波兰和国外市场提供柔性版印刷服务已有 20 多年的历史。 2014 年，公司开始尝试 150lpi 的柔性版印刷生产，但是公司的发展仍旧面临挑战，特别是对印刷精度要求极高的业务。这些业务的普遍特点是印刷精度一般都在 200lpi 左右，有精细的渐变，实地部分色彩饱和度高，采用了大量专色，过去的柔性版印刷技术无法满足这类高品质要求。Fol-Druk 首席执行官 Michal Debski 曾表示："我们的第一个挑战是使用最新的印刷技术，保证实现尽可能高的印刷质量。我们面临的下一个挑战是将印刷加网线数提高到 175lpi，甚至 200lpi。"

三、新技术为柔性版印刷进步提供有力支撑

可喜的是，新技术的推出为柔性版印刷的进步提供了有力的支撑。首先是出现于 2009 年、成熟于 2014 年左右的实地加网技术。其次是出现于 2008 年，到 2015 年逐渐成熟的平顶网点技术。自带平顶网点的印版在 Drupa 2016 展会上成为主流技术，配合最新的激光雕刻技术，已经可以复制出实地密度接近凹版印刷的产品，在保证实地密度的同时还能制做出精美的渐变。采用杜邦自带平顶网点印版 ESX 和艾司科 Pixel+ 加网技术可以制作完成高难度柔性版印刷产品。自带平顶网点的印版大大提升了油墨的转移量，同时又保持了传统激光柔性版印刷的精细高光，在耐印率上也有很大的提升。

目前 Fol-Druk 公司的主要印刷设备是 2 台配备 AVT 自动检测设备的八色 Comexi F4 印刷机，一般业务都采用 133 ～ 150lpi 的加网线数，中高端产品普遍使用 150 ～ 175lpi 的加网线数，甚至 200lpi 加网线数。Fol-Druk 公司是波兰第一家采用 200lpi 印刷软包装的柔性版印刷企业。首席执行官 Michal

对此表示："从我们业务发展的长期策略来说，有一点非常明确，采用柔性版印刷替代凹版印刷是可行的。使用尽可能高的加网线数，制作更精美的产品，是我们发展的长期愿景。"

但是作为系统工程，印刷生产过程需要多种设备和材料配合，高线数的柔性版印刷需要精准地控制传墨量。因此 Fol-Druk 公司为两台 Comexi F4 宽幅印刷机配置了大量 1100 ～ 1500lpi 高线数网纹辊，但高线数网纹辊势必影响油墨的转移量，同时还需要使用高色浓度的油墨，确保实地密度可以达到客户要求。

在 Drupa 2016 展会上大放异彩的 ECG（色域拓展技术）为 Fol-Druk 公司的制版环节补上了最后一块短板。其中，艾司科 Equinox 七色印刷技术解决了柔性版印刷专色的局限性，当面对凹印的大量专色，在八色柔性版印刷机上采用普通四色和橙绿紫三色油墨的叠色可以复制出 90% 以上的潘通专色，既扩大了色域，又减少了普通专色的使用，同时因为不再需要反复清洁专色单元，生产效率大大提升，废品率也进一步降低。

BUREAU VERITAS
Certification
Certyfikat
Fol – Druk FLEXO Sp. z o.o.
ISO 9001:2015
PCA

BUREAU VERITAS
Certification
FOL-DRUK FLEXO SP.Z O.O.
Flexographic printing on soft materials. Laminated materials production from PE, PP, PA and PET for food and industrial purposes.
High hygiene
None
BRC Global standard for Packaging and Packaging materials
Issue 5: July 2015
BRGS

图 3　Fol-Druk 印刷公司的 ISO 及 BRC 认证证书

除了投资设备外，Fol-Druk 公司还积极培训年轻员工，建立了一支成熟的专业技术团队，结合现代化的生产设备和信息管理系统，形成公司的核心竞争力。Fol-Druk 公司引入了标准化的作业流程和色彩管理系统进行质量控制，并先后通过了 ISO9001 和 HACCP 质量管理体系的认证，在 2015 年通过的 BRC 食品技术标准也为公司的发展提供了动力。

四、未来展望

新技术推出的同时，欧洲的软包市场也在持续发生变化。小批量、多品种、短周期的订单让凹版印刷的短板越发明显，特别是凹版滚筒的制作周期长、成本高逐渐成为一个瓶颈。加上欧盟严格的排放标准，凹版印刷的成本则进一步升高。在本文撰写之际，欧盟更严格的溶剂排放标准草案的出台已经在讨论之中。这个标准一旦实施，可能会进一步影响软包装印刷行业。柔性版印刷在欧洲的发展，充分受益于欧洲的环保政策，这个情况和中国最近几年的柔性版印刷发展颇有些类似之处。

必须提及的是，Fol-Druk 公司的发展过程并不是一帆风顺的。在抢占凹版印刷业务的过程中，当地出现了过度竞争的情况，特别是为了追求更高的精度，有人甚至将加网线数提高到 225 ～ 250lpi。简单的线数提升，带来的是相关配套工艺、材料及设备的全方位提升，很多印刷公司为此不堪重负。Fol-Druk 公司经过大量的测试和生产，也意识到过高的加网线数与目前技术脱节。综合生产效率、废品率、利润率等因素，作为当地的龙头企业，Fol-Druk 公司将加网线数限定在 200lpi，很多同业公司也相继跟进。因此，竞争过度在当地得到了有效缓解，品牌商也不得不接受这种现实情况，没有继续向印刷公司施加压力。

回顾 Fol-Druk 印刷公司的发展，不难发现，柔性版印刷的进步需要多方面的因素配合。中国人常说“天时、地利、人和”，从市场的变化到环保法规的更新可以称为“天时”；而层出不穷的新技术、新产品可以视为“地利”；成熟的技术团队、高素质的员工和有远见的经营者，则是“人和”的标志。相信柔性版印刷从业者可以从中有所借鉴，勇于探索又积极务实，走出中国特色的柔性版印刷成功之路。